共生

未来企业组织进化路径

陈春花　赵海然 著

中信出版集团 · 北京

图书在版编目（CIP）数据

共生：未来企业组织进化路径 / 陈春花，赵海然著
. -- 北京：中信出版社，2018.9 (2021.12重印)
ISBN 978-7-5086-9349-1

I. ①共… II. ①陈… ②赵… III. ①企业管理－组织管理学 IV. ① F272.9

中国版本图书馆 CIP 数据核字（2018）第 180939 号

共生：未来企业组织进化路径

著　　者：陈春花　赵海然
出版发行：中信出版集团股份有限公司
（北京市朝阳区惠新东街甲 4 号富盛大厦 2 座　邮编　100029）
承 印 者：北京诚信伟业印刷有限公司

开　　本：787mm×1092mm　1/16　　印　　张：14.75　　字　　数：156 千字
版　　次：2018 年 9 月第 1 版　　印　　次：2021 年12月第10 次印刷
书　　号：ISBN 978-7-5086-9349-1
定　　价：68.00 元

目 录

第二部分

共生型组织的四重境界

前 言

组织是一个时代的主要塑造者

2013 年 5 月开始，我以首席执行官的身份，与新希望六和的同事们开启战略与组织转型。持续三年的组织变革，使我们走出来一条传统农牧企业全面拥抱互联网的新路径。这段历程，让我亲身感受到互联网技术对企业组织管理体系的影响和挑战。

2015 年 11 月的一个下午，在海尔，和张瑞敏先生展开深度交流。海尔所创设的“人单合一”模式令人惊叹，一个组织内部承载着成千上万个“小微组织”单元，给我留下深刻的印象。

2017 年 1 月的一个上午，在华为，和任正非先生“围炉日话”。华为所创设的“财富与权力共享”模式更加让人折服，接近 18 万员工“力出一孔，利出一孔”，让华为在全球领域获得世人瞩目的成就，“共享”与“共生”价值深深刻入我的认知里。

2017 年 5 月的一个下午，和温氏集团温志芬总裁在朗润园展开对话。温氏集团创造了一个符合中国国情的农牧企业组织模式与商业模式："公司 + 农户"，温氏从创立之初就设计全员持股、与农户共成长的普惠模式，让温氏成为市值超过 2000 亿元的农牧企业。

2017 年下半年，我非常幸运，可以全程参与新华都集团与云南白药控股集团混合所有制改革的项目，并最终完成这个项目，让我可以亲身感受并理解国有企业组织管理的逻辑与体系。

在过去的 6 年间，我们陆续走访了华为、美的、腾讯、滴滴出行、阿里巴巴、京东、TCL、东方园林、金蝶、致远软件、天合光能、大童保险、德拓数据、五星控股、摩拜单车、宝马中国工厂、欧普照明、联想、乐视等企业，其中乐视的发展让人惋惜，但是更多的中国企业走上了健康发展之路。

这一系列的调研，让我们可以了解到不同行业、不同所有制、不同领域的中国企业在组织形态与发展路径选择上所做的探索。这些鲜活的中国企业实践，让我再一次聚焦在组织管理与组织创新研究上，它们给予我的启发，让我可以一点一点地想透：组织在今天所遭遇的挑战是什么？解决之道又是什么？

互联网蓬勃兴起的几年间，组织所遭遇的挑战前所未有，很多新兴的互联网企业不断创新商业模式、组织模式，一系列富有成效的企业实践既给研究学者提供了丰富的案例，也给研究学者带来巨大的压力，似乎研究滞后于企业实践。

在互联网技术带来的诸多变化中，最让我心动的一个变化是"个体价值崛起"的出现。作为一个研究组织管理的学者，我的内心受到极大震动，我第一次感受到，传统组织理论对于新变化的无助。个体与组织的关系，因为互联网技术，因为个体价值的崛起，由个人服从组织目标的“服从关系”转变为个人与组织的“共生关系”，这个转变所引发的一系列的组织变化，既让人兴奋又让人不安。“强个体”所带来的能量与动荡，让很多传统企业应接不暇。我告诉自己需要专心去理解新兴企业的发展路径，从而界定其中个体所发挥的作用。2015 年我出版了《激活个体》一书，探索“个体价值崛起”后的管理新范式。

随着互联网技术的深入，个体价值释放已经成为人们的共识，而如何让组织具有活力，并能够与“强个体”一起成长，成为我持续研究的主题，尤其是看到华为、阿里巴巴、腾讯这些中国企业，借助人的创造力与价值释放所取得的强劲增长，关注其组织内在的逻辑与发展，让我感受到组织全新的价值。2017 年我出版了《激活组织》一书，探索与“强个体”在一起的组织所需要改变的 7 项工作，其中最为需要关注的就是，驾驭不确定性成为组织管理的核心，而在此之前，组织管理的核心仅仅是实现组织目标。

当我分别理解了个体与组织本身在互联网技术背景下的变化之后，我更深入地去了解那些快速融合技术并获得强劲增长的企业。在与它们的深度交流中，我更加清晰地理解了今天组织所面对的挑战是什么。那就是：持续的不确定性，无法判断的未来，以及万物互联所带来的更透彻的影响。这一切所带来的是一个极为特殊的改变：组织绩效影响因素由内部转向了外部，组织无法界定自己，除非它能够把自己融入一个系统中，一个生态结构中，否则任何一家企业都无法独立存在。

想清楚这些让我很开心，我和海然决定开始着手研究新的组织形态。我们在很长一段时间里，甚至不知道该选择一个什么样的词来描述它，因为变化实在是太快，模式创新实在是太多，而创意又层出不穷。我们曾经想用“水一样的组织”来界定，但是感觉“水一样的组织”有了适应变化、与变化融合在一起的所有特征，但是缺少主动变化或者牵引变化的属性；我们曾经想用“激活型组织”来界定，“激活”是我过去 6 年用得最多的一个词，但是“激活”是行动，是结果，并不是组织本身；我们曾经想用“赋能型”“智慧型”“分布式”等词来界定，但是最后都被一一否决了，因为这个新型的组织形态的核心特征是：开放边界、引领变化、彼此加持、互动生长、共创价值，这些核心特征如何用一个词来界定？最终，我们选择了“共生型组织”这个概念，这个概念的确定，让我们很兴奋，我们知道，终于找到了能够表达我们对于新型组织形态内涵认知的概念了。

关于组织的研究和讨论常常与时代背景深度关联。不仅有出现于工业经济时代的金字塔形组织，它对效率提升和组织稳定起到了显著的效果；还有随着信息社会到来的以“营造学习氛围”为核心的学习型组织，它超越金字塔形组织成为理想的组织形态。而在快速迭代的数字化时代，环境已经发生了比以往任何时候都更加明显的改变，这种改变也赋予了组织异于以往的特性。在这种情况下，组织的重新定义是必然之事，因此我们开启了研究和重新认识组织的探索过程。我们的目的只有一个，推动更开放的组织形成、壮大和持续发展，让组织以及组织中的人得以发挥价值，并感受到价值创造所带来的成长和幸福。

无论是在教学中，还是在研究中，有关组织以及组织中的人，一直是困扰很多管理者的话题，因为大部分情况下，好像人在组织中很难有机会按照自己的意愿自由成长，这一点也同样让我感到沮丧。而在我刚开始研究组织中的人这个话题时，原以为从组织行为科学的视角能够找到规律和确定性，来帮助组织及组织中的人获得有效成长，我甚至期待组织行为学的知识可以给学习者带来明确的帮助，使其能够获得组织的效率和个人的成长，但是显然，现实和我想象的距离有些大。

随着教学与研究的持续深入，更随着对企业真实管理情形的认识，我开始理解，影响组织环境的变量实在是非常多，而组织中人的行为更加无法提前预测，人所具有的能动性和主观性，又使得人可以抗拒很多外在影响因素，从而按照自己的意愿行动。

当意识到这些的时候，我让自己平和下来。我们每一个人都应该乐于接受这种不确定性，都应该理解正是个体与组织之间的动态组合，才使组织和个体都创造了属于自己的价值，而我所要关注的就是如何找到组织与个体之间动态组合的有效性。

持续的组织研究给了我巨大的帮助，让我可以更明确组织理论自身的价值。正如查尔斯·汉迪（Charles Handy）所言："组织理论寻求用一套连贯的概念框架来替代这些汇集在一起的假设。正确使用和了解这些概念应该能够有助于解释过去，从而有助于了解现在，遇见未来。这样可以对未来事件施加更大的影响力，并减少不测事件的干扰。”

秉持这样的有关组织理论的立场，我坚持寻找在互联网技术背景下组织新形态的概念框架，这也是“共生型组织”这个概念提出来的内在驱动力量。在过去的 6 年里，我在实践中尽力帮助一些企业完成新组织形态的转型，也尽力在商学院的一门课程中讲授“巨变时代的组织管理”。通过这些工作，我希望人们不要低估对于理论及概念理解的重要性。就我个人的认知而言，正确理解组织理论的相关概念，可以让那些满心焦虑的人放松下来，坦然接受环境的变化，并视其为正常。

汉迪曾经对组织理论做过一个梳理，在他看来组织思想可以分为 7 个学派，而我借助他的分类去理解每个学派中的概念及信念体系。这 7 个学派分别是：

1. 泰勒（Taylor）提出的科学管理（Scientific Management）。这个学派的出发点是为了指导组织应该怎样工作，这个学派对劳动效率贡献巨大，但是完全忽略了“人”。
2. 切斯特·巴纳德（Chester Barnard）提出的人际关系（Human Relations）。巴纳德是第一个强调组织不是机器而是合作群体的人，这一点令我非常喜欢他。
3. 马克斯·韦伯（Max Weber）提出的层级制（Bureaucratic）。韦伯非常明显地倾向于把层级制作为组织不可或缺的一部分，而层级制在工业化革命中的大组织效率中所发挥的作用，令人钦佩。

4. 菲利普·塞尔兹尼克（Philip Selznick）提出的权力、冲突和决策（Power，Conflict and Decisions）。塞尔兹尼克认为，组织并不像我们看起来的那样合乎逻辑，在其中为了各自的利益有权力争斗，人们开始把冲突以及决策制定的真正方式纳入组织理论研究中。
5. 琼·伍德沃德（Joan Woodward）在其著作中提出技术（Technology）会造成组织类型有着巨大的不同，特别是随后其他的研究学者认为稳定的环境需要层级式组织，而多变的环境则需要更为灵活的组织，这一点在当时振聋发聩。
6. 系统（Systems）。开放系统理论的出现曾经盛极一时，在这个理论中，每件事情都可以影响系统中的其他事物，系统思想可以解释一切事物，却难以用于预测。
7. 制度学派（Institutional）。在上述理论发展基础上，很多学者坚持认为组织是历史独特的一部分，有着自己的目标和影响模式。①

所有这些学派都贡献了自己的价值，也让我们从中发现，组织理论与环境发展是相辅相成的，它不会停留在某一个时间点上，而是会不断进化和发展，其中最重要的影响因素是“人”的变化。对于我来

① 汉迪．组织的概念［M］．方海萍 等，译．北京：中国人民大学出版社，1999.

说，组织首先是一个极具吸引力的人的集合体。当我讲授组织行为学这门课的时候，我会在课程的一开始给出我的关于“组织”的定义，那就是：为了完成具体目标而系统化地努力的人的集合。正如前面所言，互联网技术带来的激动人心的变化是“个体价值的崛起”，人的改变使得组织理论遭遇到全新的挑战，这也是我们写作本书的核心动力和价值。

本书秉承这样一个信念：任何一个组织在发展时期，都拥有一套概念框架与信念体系，都是当时环境的塑造者。托马斯·库恩（Thomas Kuhn）在其经典著作中将可以包罗万象的思想体系称为“范式”，也是库恩让我理解到，即使是最严谨的科学家也会经常忽略或者误读数据，以维持占统治地位范式的“一贯性”。因此，我们试图脱离占统治地位的组织“范式”，深入到鲜活的企业实践中，去找寻新的范式，去寻找符合数字化时代趋势特征的组织模式。

我们有幸生活在这个巨变的时代，云计算、数字化以及人工智能的出现，让很多人们习以为常的假设都成了陈腐的过去时，让一切想象和不可能变成了现实和可能。个体因为技术所拥有的能力超乎想象，因此而带来的快速变革具有深远的意义。我们所努力研究的就是，在原有的 7 个学派之后，组织理论发展的新进程是什么？需要回答的新问题是什么？

我们的答案就在这本书里，在我们看来，不确定性（Uncertainty）既是组织的挑战，也是组织的机遇，驾驭不确定性成为组织管理的核心，而路径和方法就是构建“共生型组织”。我们选取的各类研究对象都在发生着巨大的变化，有些是产业的覆灭，有些是新型需求的爆发，技术可能以比我们想象得更宽广深刻的方式推动着组织发生更大内涵的改变；这其中，伴随着每个组织都在经历的思考：既希望自己开放和进化，又担忧自己失去初衷。

这并不容易做到，我们深知这一点。本书旨在帮助人们摆脱这种困扰和纠结，无论是“共生型组织”概念本身，还是达成共生型组织的四重境界，都希望帮助个体和组织应对充满挑战和不确定性的未来。

共生型组织与已有的金字塔形组织以及学习型组织不同，共生型组织是在对当前不确定环境做出分析的基础上，对未来组织形式做出的预判。共生型组织是一种基于顾客价值创造和跨领域价值网高效合作的组织形态，这种组织形态关注如何创造合作价值，实现与跨界伙伴的共生与共创，洞悉并掌握共生的运作机制和发展趋势，将帮助组织在数字化时代获得成长。

本书不仅是为了确定互联网技术背景下的组织管理新概念，更是为了回答如何帮助组织和个体在新时代背景下，获得无论是组织还是个人的有效性。首先，本书对目前组织面临的挑战进行了分析，告诉读者协同共生是必要的；其次，本书详细阐述了何为共生型组织，并且通过共生型组织的四重境界描述，介绍企业应该如何构建共生型组织。通过这些努力，让企业以更加容易成功的方式向共生型组织模式转移。本书所阐述的“共生型组织”的理念和四重境界框架虽然是崭新的概念，但是让我们更开心的是，它们也同时是今天一些领先企业自身的成功实践。

我们正处在大变革时期，或者说，我们正处于艰难的生存时代。要避免自己被时代淘汰，唯有开放自己，调整自己的认知方式，调整自己的组织管理习惯，甚至在很大程度上要否定自己。这既是在研究过程中我们对自己的要求和体验，也是对于写作这本书的要求和体验。希望我们在本书中所提出的概念框架和实务原则，可以帮助你以一个全新的视角面对变化，并借此学会以新的组织管理逻辑来发展你的组织和你自己。

威廉·吉布森（William Gibson）曾经说过："未来已来，只是尚未流行。"而我说：未来已来，现在正流行。

第一部分

组织改变由外而内发生

以指数速度发展的并不仅仅是技术，
改变自身也在以指数速度发生。

——奇点主义者的观点

第一章
改变进行时

网络时代的首要条件并不是快速的变化，
而是持续的变化。

——伊藤穰一

（Joi Ito）

在过去 20 年互联网革命带来的大范围技术和市场变革进程中，组织共同经历了全球经济危机，经历了类似美国安然、渤钢集团这样辉煌企业的土崩瓦解，经历了在短时间内 iPhone 系列产品从诞生到深入人心的体验，经历了资源从为我所有到为我所用的改变，经历了数字化生存从无到有的过程，经历了虚拟货币时代新生交易方式的诞生……这一切变化使得组织的持续发展越来越艰难，重新定义组织成为大势所趋。

开放的市场大环境和快速迭代的技术让不同行业互为挑战，跨界和合作的热潮依然高涨不断，并且愈演愈烈。在面对环境的变化时，一些曾经拥有称霸市场优势的组织无法保持其巅峰时期的风光，即使它们努力倾听了顾客的建议，积极加大了新技术的研发投入，并尽最大努力向顾客提供更多更好的产品，即使它们认真研究了市场趋势，并将投资资本系统地分配给了能够带来最佳收益率的创新领域，它们也无法避免在互联网大潮的冲击下走下坡路的事实。更糟糕的是，当这些组织企图依靠核心竞争力形成的壁垒占据市场的时候，外界甚至跨界的其他领域的发展却不断挑战它们的优势和壁垒，竞争壁垒的光环之下隐患已生，在机会出现之前，各种非直接竞争和大环境已经将组织逼迫于窘态。在飞速发展的互联网商业环境中，已经没有组织可以凭借自身的力量保证游刃有余地成长。无法成长，被淘汰就只是时间的问题。

环境变得越来越不确定，市场越发趋于多变，技术日益凸显颠覆力量，虽然人们能察觉到这些因素独立发展的趋势，却难以想象这些趋势相互碰撞和相互作用的结果，更无从知晓因此而创造出的经济和商业环境的截然不同程度。组织的成长变得越来越艰难，“独善自我，独霸市场”不再存在，“合作共生，协同共达”成为组织新的命题。

深度关联而又表面无序的市场

在过去的几十年间，中国企业经历了从计划经济到商品经济再到市场经济的探索，实现了从跟随世界到主动引领世界的扭转，在世界竞争市场中扮演着越来越重要的角色。在此期间，长久封闭的国门向世界经济敞开，庞大的中国市场涌现了众多来自世界各国的大型企业，中国企业也获得了走向世界市场的机会，全球范围的竞争为中国企业带来了前所未有的机遇以及更大的挑战。

“走进来”的通用电气公司（General Electric Company，简称GE），在改变中不断完善自我。早在20世纪初，GE就开始发展与中国的贸易关系，并且是当时在中国最活跃、最具影响力的外国企业之一，改革开放后GE在中国的发展更是迎来了腾飞之势。金融业务曾经是GE赖以生存的基础之一，在GE前任总裁杰克·韦尔奇（Jack Welch）时期，金融业务的收益占据了整个集团收入的一半之多，是GE最具竞争力的业务。2008年，在金融风暴的影响下，GE金融净资产锐减255.6亿美元，降幅高达12.2%，企业市值也随之缩水2640亿美元。面对金融业务增长率的逐年下降以及政府对金融监管的日益严格，GE大刀阔斧地进行了资产重组，剥离了90%的金融业务，将集团关注点重新回到工业本身，并把数字化融入业务的核心，统一公司内所有的数字化职能部门，使原本分散在各事业部、各部门的资源得以整合和优化，以此实现在工业互联网的新生。

“走出去”的同仁堂，让中药国际化。创建于1669年的同仁堂，至今已有近350年的历史。1993年，同仁堂“以医带药”，开始贯彻“走出去”的战略，在香港开办药店，打开通往世界的大门，并且遵循先贸易后办店、先经销后生产、先亚洲后美洲的发展战略，在迈向国际化的道路上沉稳地前进，以期逐步实现“有华人的地方就有同仁堂”的目标。同仁堂在海外开设的店，几乎全部是当地规模最大的中药店，并且集医、药、食、文化于一体，不仅为患者诊病，还向他们讲解中医药常识。在“走出去”的20多年时间中，同仁堂从未放弃对质量和诚信的坚守，先后完成了在五大洲的布局，在全球26个国家和地区开设了130余家店，累计诊疗患者超过3000万人次。不仅在满足各国人民的健康需求方面做出了巨大贡献，而且让数以亿计的海外人士通过同仁堂认识了中医中药文化，也通过同仁堂感受到了博大精深的中华文化。

随着改革开放的不断深化，市场经济得到进一步有效推进，科学技术成为企业的第一生产力，助推了企业的高速平稳发展，让企业在改革开放的道路上稳健发展。此后不久，中国互联网进入了空前的活跃期，大量依赖高新技术的互联网公司先后诞生，众多创新型企业应运而生。1995年，张树新和丈夫姜作贤创立了“瀛海威时空”，用最通俗的语言传达互联网的概念，成为广为人知的“中国信息行业的开拓者”；马云在杭州创办了专门给企业做主页的中国黄页，成为中国最早的互联网公司之一。1996年，张朝阳在尼葛洛庞帝（Negroponte）教授和麻省理工学院斯隆商学院爱德华·罗伯特（Edward Robert）教授的支持下创建了爱特信公司，成为中国第一家以风险投资资金建立的互联网公司。1997年，丁磊创立网易公司，希望用最先进的互联网技术，加强人与人之间信息的交流和共享。

互联网特别是移动互联网的发展，在全世界掀起了一股强劲的数字经济的旋风。共享经济得到迅猛发展，激活了部分处于红海的存量市场，成就了新的行业独角兽。人与数字世界之间横亘着一道天然断层，大数据的成熟应用正在将这道断层变得狭窄而稀薄。人工智能在世界范围内引发了新一轮竞争，将传统的组织竞争重新进行了天翻地覆的定义。这一系列改变仍在继续，数字技术也将不断渗透进组织的方方面面，彻底改变组织与顾客、组织与世界的互动方式，在新的经济模式中打破现实与虚拟的疆界。作为一种新的经济形态，数字经济逐渐成为经济增长的主要动力源泉，更成为企业转型升级的重要驱动力。

有着“数字化大格局”的三一重工成为中国制造业优化升级的标杆样板。从2008年起，三一重工便开始构建“终端+云端”的工业大数据平台，在“工业大数据”为核心、“智能制造”为方向的指引下，自主研发了“ECC全球企业控制中心”的信息系统，并成功投入应用。“ECC全球企业控制中心”的信息系统通过收集和分析分布在终端的海量数据，不仅可以精准地检测设备所在的具体位置，还可以实时地检测设备的运行状态，并实现远程控制和设备故障诊断预测，极大地提高了设备的工作效率，进而提高了客户服务质量。三一重工实现了强劲增长，整体盈利水平大幅提升，2017年前三季度，三一重工实现了归属于上市公司股东的净利润18亿元，同比增长932.6%，营业收入 281.6 亿元，同比增长 70.8%，呈现出稳定增长的发展势头。

基于互联网的持续进化是近 12 年海尔一直在坚持的改变。从“企业的信息化”转变为“信息化的企业”，海尔展开了五步战略走的模式，即 1984 年到 1991 年的品牌战略，实现了从做产品到做品牌的转型；1991 年到 1998 年的多元化战略，实现了从冰箱到家电多元化的转型；1998 年到 2005 年的国际化战略，实现了从国内到国际的转型；2005 年到 2012 年的全球化战略，实现了从本土化到国际化的转型；2012 年开始的网络化转型，将完成从规模到平台的转型。在数字经济的当下，海尔进一步将数字技术融入战略，通过“数字化 + 信息技术”、“数字化 + 业务洞察 + 制造服务”、“数字化 + 商业安全”以及“数字化 + 用户体验”的规划，实现“以最佳用户体验为驱动力，服务小微①，推动数字化转型，助力小微创造价值，实现引爆引领”的愿景。可以看到，海尔前期的战略是心无旁骛地做产品，以此打造多元化国际化的品牌，后期的战略是脚踏实地地培养人才，通过搭建创客平台完成从追赶到引领的进化。正是这个制造企业基于互联网进行的转型，让外界看到了海尔在全球市场上的不断突破。成功收购新西兰家电巨头斐雪派克（Fisher & Paykel）以及 GE 家电业务，海尔一改中国制造低价低质的刻板印象，证明了中国制造可以向价值链上层前进，有能力将高单位价值的产品销往全球。

与此同时，不容忽视的一个事实是，改革开放以来中国经济一直

① 小微是海尔平台组织上的基本创新单元，也就是独立运营的创业团队。——编者注

保持增长趋势，企业还没有遭遇过极其恶劣的经济环境。虽然 2000 年互联网泡沫破裂的浪潮，让大批的中国互联网公司难以融资失血而亡，但存活下来的企业，如海尔、京东等都确立了自身在行业中的优势地位，百度、阿里巴巴、腾讯经过角逐也最终形成了“BAT 三国鼎立”的格局。这些幸存者凸显出了竞争力，被认为是“具有成为优秀企业潜力”的中国企业。过去的 40 年，中国企业较高的业绩增长率一方面受益于经济发展的红利，另一方面也源于自身的竞争力。接下来数字化的浪潮将对企业提出更高的要求，企业会遭遇更大的挑战，如果这些企业依然保持稳健的增长，它们就能够真正证明自身具有面向未来的能力。

没有注定成功的金科玉律

普拉哈拉德（C. K. Prahalad）和哈默（G. Hamel）认为，“核心竞争力是企业竞争力中那些最基本的能使整个企业保持长期稳定的竞争优势、获得稳定超额利润的竞争力，是将技能资产和运作机制有机融合的企业自身组织能力，是企业推行内部管理性战略和外部交易性战略的结果”。[1] 如果按照二位学者对核心竞争力的界定，核心竞争力注重强调竞争优势，对竞争对手而言，只要组织具有较高的进入壁垒，即可获得较长久的竞争优势。

然而，自从数字时代拉开帷幕，互联网技术高速发展以来，核心竞争力已经无法形成壁垒。跨界竞争带来的无形壁垒往往迅速形成，导致核心竞争力不攻自破。因此，核心竞争力已经不再是组织基业长青的根本，组织原有的长期获得竞争优势的能力，已经无法经受起时间的考验。与此同时，环境变得越来越不确定，价值创造日益艰难，顾客越发趋于年轻化，虽然组织能察觉到这些因素独立发展的趋势，却难以想象这些趋势相互碰撞和相互作用的结果，更无从知晓因此而创造出的经济和商业新环境的截然不同程度。研究表明，当外部因素变得越来越同质化，越来越没有行业边界的时候，最终顾客永远面临着供大于求的各类选择，管理学曾经不断提出的竞争力、品牌因素、市场规律等等，已经无法培育和维持企业长期和远期发展的能力。与此同时，科技的快速发展、环境的复杂多变，消灭了传统的竞争壁垒，行业边界和竞争壁垒的消失也成为这个时代中最大的机会。组织存在于大的商业环境下，要想持续发展，最根本也最重要的是能够顺应环境发展的趋势，与时刻改变的环境形成良好的互动。

保持危机感

市场变化多端，组织不断洗牌，一些大公司甚至千亿级公司也未能避免没落的结局。究其原因，其中一部分是激烈的行业竞争带来的残酷打击，而更重要的一部分是组织在成长过程中滋生的成就感和自豪感。从小规模逐渐发展壮大，组织自然会有成就感，但如果不加以控制，成就感很容易发展成让组织自满和安逸的病菌，在不知不觉中侵蚀组织。“安而不忘危，存而不忘亡，治而不忘乱。”虽然《周易 · 系辞下》中的这句话是针对国家治理而言，但是对于组织也同样适用。组织的发展，犹如逆水行舟，不进则退，组织要发展壮大，就必须时刻怀有危机意识。

比尔·盖茨（Bill Gates）常常居安思危，总是告诫他的员工“微软距离破产只有18个月”，正是在这种组织氛围下，微软不敢懈怠，造就了大公司“大而不倒”的神话。即使做到了世界白色家电知名品牌，海尔依旧不敢掉以轻心，坚持“现在做得好，不等于永远做得好，它只是对以前工作的肯定，没有永远领先的企业，稍有不慎，就会被别人赶超”。日本零售业巨头7–ELEVEn便利店的创始人铃木敏文认为，“时代是瞬息万变的，我对7–ELEVEn总是抱有危机感，认为如果甘于现状，满足于现有的成绩，经营终将陷入僵局”。

有危机感的领导者，会保持宠辱不惊的平常心，既不会因为暂时的失败而方寸大乱，更不会因为眼前的辉煌而迷失自我。危机意识让领导者对内外部的刺激保持敏感性，时刻以一种警惕的状态面对不确定性。当他们敏感地意识到组织所处的环境发生了变化，甚至未来即将发生变化的时候，会尽最大努力开展行动，以便尽量减小变化给组织带来的影响，甚至借助变化让组织创新出一片新的天地。然而，对于缺乏危机感的组织而言，它会沉浸于已有的成就中，对环境表现出迟钝，出现对环境的改变不适应且没有能力去适应的困窘状态，这样的组织最终会被环境所淘汰。

华为：没有成功，只是在成长

在2016年5月的全国科技创新大会上，任正非谈道，“随着逐步逼近香农定理、摩尔定律的极限，面对大流量、低延时的理论还未创造出来，华为已感到前途茫茫，找不到方向，华为已前进在迷航中”。作为世界信息通信技术领域的领军者，华为表达出来的“迷茫”，体现的反而是一个国际化的企业不满足于现实，对自身发展的危机意识。

任正非带领华为从一家很小的销售代理商发展成一家以通信技术为核心的全球化大公司，一步一步从无到有，从寒冷的冬天走向艳阳高照的春天，离不开他的危机意识，以及始终对任何可能出现的风险和对手保持敏感性。任正非多次表示：“10 年来我天天思考的都是失败，对成功视而不见，也没有什么荣誉感、自豪感，只有危机感。也许正是这样才存活了 10 年。大家要一起来想，怎样才能活下去，也许才能存活得久一些。失败这一天是一定会到来的，大家要准备迎接，这是我从不动摇的看法，这是历史规律。”

任正非居安思危的作风贯彻到工作的方方面面。他认为，无论发展怎样，至少有三个问题是无法回避的：第一，不能相信自己无所不能。即使华为在聚焦人才、资本、技术，但是是否可以持续掌握行业发展的脉络，是否能维持强大的盈利能力，都不可预见。第二，市场只靠纵向产品是不够的。整体通信领域一直遵循着纵向产业模式向横向转换的趋势，也就是说，只提供纵向产业模式中的产品已经不能获取更多的市场，只有扩大该产品的横向市场才能继续创造新的利润体系，所以，华为手机、华为体验店都是华为转型和创新阶段的举措。第三，高利润和模块化产品可能带来困境。在通信制造业领域里，一个足够长的产品线中往往潜伏着无数的敌人和对手，创新规则、行业变迁、竞争重点随时都可能让利润转移，华为是否做了足够的准备。[2]

“一只小麻雀，在云层中腾空而起，挥舞着神光棒，尾巴打开，绚丽绽放，俨然正欲华丽变身。”《第一财经周刊》用升空而起的小麻雀完成“凤凰涅槃”的过程形容华为的蜕变之路。蜕变过程中当然有辉煌也有艰辛，华为做到了在辉煌中警惕危机，在艰难中期待光明。

2000 年是华为飞速发展的一年，全年销售额达到 255 亿元，并在产品技术进步、管理业务变革、国际市场拓展等方面取得了巨大成绩。在华为发展势头正旺的时候，任正非在内部会议上提醒，华为的危机一定会到来，要为华为过冬做好准备。“在春天与夏天要念着冬天的问题，IT 业的冬天对别的公司来说不一定是冬天，而对华为可能是冬天，华为的冬天可能来得更冷一些。”在另外一篇文章中，任正非再次提到“冬天”的问题。他认为，“华为还处在冬天的位置，在秋末冬初，能认真向别人学习，加快工作效率的整体提高，改良流程的合理性与有效性，裁掉并不必要的机构，精简富余的员工，加强员工的自我培训和素质提高。居安思危，也许冬天来临之前，已经做好了棉袄”。[①] 此外，在任正非于华为内部众多的讲话和文章中，“危机感”一直是很重要的一部分，“华为相对还很弱小，面临更艰难的困

① 摘自 2001 年 3 月任正非出访和考察日本后所写的文章《北国之春》。

境，要生存和发展，没有灵丹妙药，只能用别人看起来很傻的办法，就是艰苦奋斗”。危机意识渗透进华为人的身体中，任正非的每次报告和发言，华为的每一次成长，表达出的都是华为基于现状，但是又不满足于现状的雄心和责任。

然而，这并不意味着华为仅把危机感存留在意识层面。华为的企业文化中很重要的一点是艰苦奋斗，上至总裁任正非，下至新入职的员工，都把艰苦奋斗转化为具体的行动，将危机意识转化为创新的内生动力，使华为在竞争激烈的通信行业存活下来，并且越来越有活力。2017 年华为年收入达到 1022 亿美元，相比 2016 年增长了 25.7%。与此同时，在全球手机增长放缓的情况下，华为 2017 年智能手机发货 1.52 亿台，全球份额突破了 10%。

从 1987 年诞生至今的 30 多年中，华为的一系列突破性和传奇性的成就离不开掌舵人任正非的远见和坚守，更离不开他始终如一的危机感。任正非说：“目前情况下，我认为公司从上到下，还没有真正认识到危机，那么当危机来临的时候，可能是措手不及的。是不是已经麻木？是不是头脑里已经没有危机这根弦了？是不是已经没有自我批判能力或者已经很少了？那么，如果四面出现危机时，可能是真没有办法了。如果现在不能研究出现危机时的应对方法和措施来，就不可能持续活下去。”

无法预知的新挑战者

数字经济时代，跨界作为一种趋势无处不在，成为当今商业社会最常见的商业模式。互联网革命带来的行业边界模糊和竞争壁垒消失，使得近乎所有的组织都在进入或者试图进入与主营业务不相关的领域，从地产、影视、通信、金融到近乎所有行业，都未逃过跨界和被跨界的洗礼。以出售电脑起家的苹果跨界做智能手机，取代了诺基亚在传统手机行业的巨头地位；美团在满足消费者“吃喝玩乐全都有”的需求后，在出行领域逐渐深耕，撼动了滴滴在出行市场的霸主角色；小米从手机跨界到家居、服饰、饮食等品类，扩展边界为顾客提供精品化生活方式；致力于休闲食品的旺旺进入护肤日化的市场寻求新的利润增长点……行业边界正在被不断打破，跨界的潮流已然不可阻挡。

腾讯：重新定义沟通

2011 年，微信横空出世，成为中国移动、中国联通最强劲、最不可预料的竞争对手。通过微信，用户可以免费发送信息、图片，并且可以实现语音和视频通话，其简单的操作、全方位的功能，彻底改变了传统的沟通方式，迅速获得各个年龄层用户的青睐。推出仅两年，微信便覆盖了规模庞大的数字经济人群，总注册用户突破了 3 亿人，截至 2018 年 3 月 1 日，微信及 WeChat 的合并月活跃账户达 10.4 亿，同比增长 10.9%。

通过增进社交关系、转变生活方式以及增进万物互联，微信引领了用户的数字生活，正如腾讯研究院发布的《2016 微信社会经济影响力研究报告》中所言："微信，是数字经济下的重要产品，以社交关系链为核心，通过连接、协调、赋能的平台力量，将新技术、新应用、新模式深度植入工作生活及社会治理，促进互联网惠及更多民众，持续拉动信息消费，不断带动相关就业，推动人与人、与设备乃至社会深度互联，为经济社会转型升级与和谐发展带来积极的影响。"

阿里巴巴：撬动全民理财热情

阿基米德（Archimedes）曾说："给我一个支点，我就能撬动地球。"阿里巴巴从电子商务跨界到金融，推出了余额宝，这无疑为全民理财带来了支点，撬动了全民理财的热情。2013 年 6 月 13 日，余额宝正式上线。推出仅半年的时间，余额宝甚至催生了一种新的理财习惯，即用户每月收到工资的第一件事，便是把钱转入余额宝。基金公司将其基金直销系统内置到支付宝网站，用户将资金转入余额宝，支付宝和基金公司通过系统对接，为用户提供基金开户、基金购买等一站式服务。通过余额宝，用户不仅能拿到高于银行活期存款的"利息"，而且可以直接购买基金等理财产品，此外还可以随时用余额宝的资金进行网上购物、支付宝转账等在线交易。

余额宝作为一个金融产品，其本身是前所未有的创新，它不但没有资金门槛限制，而且整个流程简单快捷、易于操作，让理财脱离了传统金融高端专业的气息，成为一种简单的生活方式，获得无数粉丝的追捧。发展到现在，余额宝已经成为全球规模最大的货币基金。根据天弘基金公告，截至 2017 年 6 月底，余额宝的资金规模达到 1.43 万亿元，环比增加 3000 亿元，相比 2016 年年底的 0.8 万亿元增长了近 80%，已超过招商银行 2016 年年底 1.3 万亿元的个人活期和定期存款总额。“如果银行不改变，我们就改变银行。”马云的话被不断引用，也正是阿里巴巴的跨界融合，让余额宝成为传统银行的挑战者，促使银行进行互联网时代的创新。

百度：不限于搜索的高科技公司

10 年前人们谈论百度时谈论的是它的搜索，而现在提起百度，如果思维只停留在搜索层面，说明还不够了解百度。因为，如今的百度早已发展成集搜索、导航、社区、游戏、娱乐、广告以及人工智能等业务模式于一体的综合生态型互联网平台。2016 年，在数字化来临的时候，百度宣布全面战略转型人工智能，一手持续发展移动互联网传统业务，一手为人工智能的商业化落地布局，并将二者实现融合。为此，百度将人工智能植入传统的搜索业务，在搜索业务上引入咨询流，实现“搜索 + 咨询流”的双引擎。目前，“搜索 + 咨询流”双引擎已经成为百度新的业务增长点，而百度的传统业务也将进入下一阶段的复苏期。从财务数据看，百度 2017 年第三季度总营收为 235 亿元，同比增长 29%；第三季度净利润为 79 亿元，同比增长 156%。显然，这次战略转型是成功的。

用科技让复杂的世界变得简单，是百度一个很大的使命。在百度看来，整个世界变得非常复杂，而人所做的事情基本上都是复杂问题简单化。从热力学第二定律的角度出发，世界会变得越来越乱，而百度想做的事情，就是把世界变得更简单，让人们的生活变得更美好。新的定位正在助力百度改变赛道，进入新的增速成长区。

行业之间的城墙正在消解，跨界合作与发展方兴未艾。对于各行各业的组织而言，在新的商业环境下，不但要“独善其身”，让自己持续成长，从而更有实力面对随时而来的挑战；而且要“兼济天下”，关注新的进入者，了解他们给行业带来的变化，更要能够预测他们即将对行业产生的改变。组织需要尝试转换自己的立场和思维模式，站在新进入者的角度思考如何更好地满足顾客的需求，如何在市场竞争中更具有主动权。

不断关注新进入者，本身也是一件极具挑战的事情，因为行业之间没有明显的界线，相邻甚至完全不相关行业的组织也可能成为新的挑战者。大家熟知的网易首席执行官丁磊在 2009 年宣布推出“丁家猪”，并于 7 年后正式打入市场；中国烟草大王褚时健种植“褚橙”，成功地从中国烟草大王转型为中国橙王；任志强推出个人品牌“任小米”，并在小米薯片、任小米 T 恤等相关衍生品方面做得火热……他们进入了与之前的经历完全不相关的行业，既不会因为行业的传统经验影响而优柔寡断，也不会囿于既有的行业模式而畏缩不前，而是以全新的逻辑发现市场需求，并在新的成长领域做得风生水起。所以，不要以传统的判断标准界定新进入者，更不要低估任何一种新生事物的发展潜力。

第二章
命运共同体

我每天上百次地提醒自己：我的精神生活和物质生活都依靠别人的劳动，我必须尽力以同样的分量来报偿我所领受了的和至今还在领受的东西。

——阿尔伯特·爱因斯坦

（Albert Einstein）

伴随着互联网发展的迭代变化，互联网与各行业的融合成为推进组织全局变革的必然因素，技术所带来的变化推动了顾客在产品、服务以及工作方式等各个方面的改变，进而更大程度上重构了组织的价值创造方式。物竞天择的进化论同样适用于组织，在持续的变化中，必须更关注适合这个时代的组织，也更关注组织的未来模式。

针对组织如何改变以获得持续的发展，我们的研究团队开展了接近 30 年的跟踪研究，研究对象既包括华为、海尔、美的、联想、谷歌、IBM 这类“大而稳”的组织，也包括阿里巴巴、腾讯、亚马逊这类“快而强”的组织，还包括新创立发展的韩都衣舍、途家网、滴滴出行这类“新而美”的组织。研究发现，它们的成功来自更贴近顾客需求的投入，它们把产品和服务做得更深入，深入到顾客无法离开；它们把产业链创建得更加融合而具有多利性，以至于每个环节的参与者都愿意开展合作，共同为产品和服务付出；它们的组织更加富有弹性，经得起市场变化带来的震荡并能够寻找机会实现突破；更重要的是，它们能够把组织所处环境中的各种资源集合到价值创造的方向上，凝结成了更广泛和更集体的智慧，从而仿佛拥有一种强助力推动它们前行，最终实现更高水平的协同发展。正因为如此，我们把研究的重点聚焦在它们的组织形式上，探求其组织特征的共性。

当绩效由组织外部因素决定时

所有组织都是一定历史时期的产物，受到经济、文化以及更大范围的历史环境的影响。随着时间的历练，组织的战略决策、理念行为以及组织内外部的一切资源的协调和管理，都将与环境形成良好的适应和改变。与此同时，研究发现，表现卓越的组织总能在变化发生之前，用敏锐的眼光准确地感知和预见变化，提前采取措施进行调整，从而化被动为主动，有效地把握机会实现超越。正如拉姆·查兰所言，仅仅适应变化已经变得远远不够，在这个时代，胜利属于那些创造变革的领导者，面对复杂多变的外部环境，他们不是观望，等情况明朗再做出反应，而是一头扎进眼前的模糊性中，在情况明朗之前就开始积极分析和思考，确定一条道路，然后果断地带领企业在这条道路上走下去。[3]

彼得·德鲁克（Peter Drucker）曾经说过，组织的重点必须放在机会上，而不是放在问题上。如果组织把精力放在出成果的地方，即放在机会上，就会有兴奋感、冲动感。[4]现在的组织，不论处于初创还是成熟阶段，不论组织已经达到何种规模，都无法逃避面对各种问题的现状，如何从难以克服的问题中寻找到机会便成为决定组织成败的关键。与此同时，全球化竞争的加剧、跨界带来的行业边界模糊等一系列挑战，使得组织寻找“兴奋感和冲动感”成为一件更加艰难的事情。在这种艰难的背后，存在一个本质性的问题：组织的绩效不再由组织内部的因素决定，而是由围绕在组织外部的因素决定，比如环境的不确定性，比如合作伙伴，比如跨界的对手，比如全新的技术等等。这些外部因素对组织的影响已经远远大于组织内部因素的影响。今天让很多管理者无所适从的是，虽然组织内部已经做得非常好，甚至远远领先于同业，但是依然无法摆脱被淘汰的可能性。人们开始发现，“组织”这个词已经随着时代的变化发生了比以往任何时候都更加深远的变化。

哈佛大学商学院教授迈克尔·波特（Michael E. Porter）在“价值链”理论中表示，在经济活动中价值链无处不在，上下游组织间存在行业价值链，组织各部门各业务单元之间存在组织内的价值链，价值链上的每一项价值活动都会对组织最终能够实现的价值产生影响。很长一段时间以来，人们习惯于从单向的价值链的角度理解和思考组织发展的问题，甚至简单地认为只有生产制造才是创造价值的中心环节，处于中心环节的组织才是所有价值创造的源头，而经营活动的下游环节、价值链以外的顾客以及合作伙伴都被认为是次要的部分，只要中心环节贡献自己的力量，整个价值链便拥有了竞争优势。

美国学者诺萨贝斯·莫丝·坎特（Rosabeth Moss Kanter）曾经提出“协作优势”的观点，在她看来，具备卓越的建立、保持广泛协作关系的能力，对提高公司的竞争力有着重要的作用。的确如此，离开协作，任何一个组织都无法独立生存，因为任何组织都是处在复杂的产业网络中，不同的组织只有联合起来，才能共同为顾客创造价值。当今社会的主流已经明显地向互联互通、合作共赢转移，在这样的时代主旋律和趋势下，任何一个组织的发展都无法离开行业内、行业间组织的合作，更无法脱离顾客的价值参与。

协作对原有的商业环境进行了升级和重构，封闭、孤立的组织管理模式开始无法适应环境。组织之间的竞争必须变为基于合作的竞争，甚至需要转变为基于合作离开竞争的模式，合作的优势不仅在于融合合作系统中每个组织的竞争优势，还在于优化组织之间的竞争关系，更好地激发每个组织的活力，最终表现为更好地满足消费者的需求。在合作的要求下，相同领域甚至不同领域的组织不再是竞争对手，而是转变为荣辱与共的命运共同体。面对顾客参与价值创造、移动互联网的冲击以及市场竞争的激烈，组织需要改变固有的思维模式，将传统的价值链创造价值模式转变为命运共同体合作创造模式。众多成功的商业实践表明，构建命运共同体为组织带来的价值是明显提高的，将顾客的需求与高效的供应体系相连接，利用互联网技术实现合作各方的无缝连接，获得更高效率的问题解决方法。现实的选择导致了一种全新的组织逻辑生成，我们称之为“共生型组织”。

从本质上而言，共生型组织是一种基于顾客价值创造和跨领域价值网的高效合作组织形态，所形成的网络中的成员实现了互为主体、资源共通、价值共创、利润共享，进而实现单个组织无法实现的高水平发展。共生型组织的生态网络摒弃了传统的单线竞争的线性思维，打破了价值活动分离的机械模式，真正围绕顾客价值创造发展，将理解和创造顾客价值作为组织的核心，进而使创造价值的各个环节以及不同的组织按照整体价值最优的原则相互衔接、融合以及有机互动。

共生型组织以共同的价值主张为基础。首先，从价值主张的核心出发，顾客是共生型组织的核心，明确组织向顾客提供的产品和服务价值是命运共同体的圆心。其次，规划价值组成模块是打造共生型组织的关键。在既定的价值主张下，根据价值创造目标规划独特的价值创造方式以及选择合作伙伴，在很大程度上决定了价值共同体是否可以有效发展；而在价值创造过程中的协调能力也不可或缺，它可以削弱协作过程中产生的不和谐因素。

虽然从理念的层面而言，组织之间需要形成命运共同体的观念已经是共识，但是如何在组织的战略和运营中形成有效的共同体，则是一个极其困难的事情，因为价值共同体的构建涉及众多组织的价值创造，组织之间的理念差异和价值观不同必然会带来一定的磨合期，而且其中可能出现的利益冲突、风险都将使价值共同体的创造过程充满坎坷。这些正是我们想解决的问题：如何理解一个新的组织形态——共生型组织，如何打造共生型组织。

共生型组织的四大特征

研究发现，一些企业不断利用技术优势和信息独享，制造出更丰富的需求和选择，创新出更优质的产品和服务，可以在短时间内被推上风口，但是正如科特勒所言，“把独享当作目标的日子已经一去不复返了，包容性才是商品游戏的新主题”。[5] 随着红利的消失、竞争对手的激增，这类组织或早或晚将被卷入泡沫的虚幻中。

坚持开放赋能，打造共创平台的京东走出了一条新路。京东创始人刘强东主张“在无界零售时代里，受人尊敬的企业不是导入流量、巩固自身地位的巨无霸，而是俯身为路，为无处不在的零售场景助力的赋能者”。在此主张下，刘强东带动京东“成为这样的赋能者，与合作伙伴共创共赢”。京东将战略面向未来，希望与合作伙伴共同建构人才生态联盟，相互赋能；与此同时，针对企业面临的从管理驱动到价值驱动，以及组织能力重构与升级的挑战，提出了企业变革的三大核心举措：建立客户导向的网络型组织，建立价值契约的钻石型组织，以及建立竹林生态的生态型组织。

在“赋能”举措的指导下，京东金融与中国工商银行联合推出“工银小白数字银行”，这是国内银行业首个开到互联网平台上的银行；京东与中石化合作，京东将品牌专区和专柜入驻中石化旗下的2.5万家便利店，进行线上线下的同步销售，中石化的产品通过京东商城扩展了线上渠道；京东与五星电器合作，五星电器入驻京东平台，成为京东开放平台上体量最大的家电连锁企业。在刘强东看来，零售的游戏规则不是“竞争趋同”，而是“竞争求异”，零售的未来不再是“帝国”，而是“盟国”，每个参与者将属于自己的部分定义清楚，并不断优化，最终组合在一起，画出零售的无界场景，构成未来共生、互生、再生的零售生态。在这个过程中，企业鼓励和帮助每个参与者努力建构好自己的独特性，从而在零售生态中获取无法取代的地位。

跨越平台，利益共同体成就7–ELEVEn。这家起源于美国，辉煌于日本的便利店不仅是一个特许加盟连锁的利益共同体，更是一个休戚与共的命运共同体。面对互联网线上的冲击以及大型综合超市的竞争，7–ELEVEn在2016年依然创造了427亿元人民币的收入，净利润超过93.8亿元人民币，净利润高达20.5%，远远超过了全球零售业

3% 的平均水平。在日本经济的严重衰退中，7–ELEVEn 日本公司自 1974 年创立以来，仍然保持了连续 40 多年的增长趋势。

作为全球最大的便利店特许加盟组织，截至 2017 年 6 月底，7–ELEVEn 在全日本开有 19588 家连锁店，每天有超过 2000 万人次光顾 7–ELEVEn，享受 24 小时全天候和全渠道的便利服务。然而，7–ELEVEn 基本没有自己的直营商店，更没有属于自己的工厂和配送中心，却可以创造惊人的利润，这背后与其打造的相互依靠的生态系统有密切的关系。7–ELEVEn 日本公司只聘用了 8000 多名全职员工，其余人员全部是加盟店、制造商和供应商的雇员。7–ELEVEn 打造了理念、资源、用户以及成果的共享平台，为所有参与方创造了巨大的商机，并达到了相互的兴旺与繁荣。

不难看出，这些组织长久的价值创造是命运共同体带来的集体智慧结晶，共生的逻辑是让组织形成命运共同体、拥有集体智慧的重要维度。从生物学的角度出发，共生是一种普遍存在的现象，它代表的是多种不同生物之间形成的紧密互利关系，共生生物之间相互依赖，彼此有利。由此延伸出的共生型组织，意为不同组织之间的相互合作关系。在合作过程中，组织具有充分的独立性和自主性，同时组织之间基于协同合作进行信息和资源的共享，通过共同激活、共同促进、共同优化获得组织任何一方都无法单独实现的高水平发展。尽管共生不可避免地带来冲突和分歧，但它从更大程度上强调了共生组织之间的相互理解和尊重，实现彼此更优越的进化循环。

我们发现，共生型组织主要具有以下几个方面的特征：

第一，互为主体性。共生型组织的成员间不再有主客体关系，而是彼此互为主体，这需要每一个成员做出根本性的改变。复杂多变的环境要求组织从单一的线性协同模式转向跨组织的多维协同模式，组织强调开放性和互联性，与环境形成良好的互动，其本质追求在于创造多维协同模式下的跨领域共生价值体，打造开放合作式的有机生态系统。共生型组织是一种基于合作和价值共创所形成的组织资源共享、利润共赢的群体性有机系统，它打破了组织传统竞争模式体现出的单向线性思维，是一个双向或者多向的思维模式，使得有机系统中的组织个体可以开展基于自身优势、为成员贡献价值、融合共生伙伴资源的网状发展。在这个过程中，组织围绕顾客价值进行了重构，顾客在价值创造过程中的地位真正得到凸显，由之前的被动接受者和组织商业利润的贡献者转变为组织价值形成的创造者。共生型组织相信互为主体生态网络的力量，并且为互为主体的生态网络的建构付出时间和精力。在既定的价值主张下，主体成员根据核心价值逻辑设计独特的价值创造方式，并且能够同心协力共同经营，共同应对来自组织内外部的各项挑战，共同寻找突破性发展的解决方式与战略。

第二，整体多利性。合作是共生型组织的本质特征之一，合作并不否定竞争的存在，但是与传统意义上的相互排斥、相互厮杀的竞争不同，共生型组织更加强调合作组织之间的相互吸引与相互补充，最终做到从竞争中产生新的、创造性的合作伙伴。正是这样的合作关系相互激发、高效互动，产生出更多的价值创造。这些价值创造不仅帮助了合作伙伴，更重要的是也给组织自身带来了超出组织原有能力所创造的价值。共生过程是组织的共同进化过程，组织在共同发展中不但实现了整体的利益追求，而且在更大程度上实现了每个组织的利益追求，从而让组织成员在多个方面获得成长，拥有了更加广阔的视野、更加互动的关联以及更加开放的格局。

第三，柔韧灵活性。正如生物学家达尔文（Darwin）所讲，“在剧烈变化的环境中，能够生存下来的不是那些最强壮的，也不是那些最聪明的，而是那些最灵活的，懂得适时变化的”。共生型组织在组织内部减少了管理层级，破除了传统组织中自上而下的垂直高耸结构，简化了烦琐的管理层级，将权力下放到基层，让组织内部更具灵活性和流动性，让组织成员感受到更多的自主与发展空间。在组织外部，共生型组织展示出更大连接与互动，让基于顾客价值创造的组合更加高效、更加快捷地响应需求变化。这样建立起的组织是灵活而敏捷的，富有柔性和创造性，能够根据环境的变化迅速做出调整。此外，共生型组织具有极强的可塑性，善于接受变化，乐于根据变化做出调整。面对市场时具有能动性，显得更为灵活，应变能力更强，通过有效地调动内外部资源，进行整合和沟通，从而能够迅速、灵活地对外部环境的变化做出反应，这是共生型组织最大的优势所在。

第四，效率协同性。一直以来，提高组织效率是组织管理面临的一个极具挑战的问题。分工使得劳动效率得以最大化实现；分权让组织获得了最大化的效率；分利则充分调动个体，让个人效率最大化。而在组织绩效由内部转向外部的今天，组织需要解决的是整体效率，既包括组织内部效率，又包括组织外部效率，“分工、分权、分利”

已经无法满足组织对整体效率的追求，整体效率的实现更大程度上转向了组织间的合作协同程度。共生型组织系统中的组织个体保留了各自的独立性和自主性，依赖于彼此之间对资源的获取、分享以及使用能力，组织获得了更好地融入环境的方式，更重要的是，组织的整体效率得以提升。当组织可以拥有整体能力的时候，长久地焕发能量以及持续地成长发展变得更加可期。

总之，共生型组织是在对当前不确定环境做出分析的基础上，对未来理想型组织形式做出的预判。具体而言，共生型组织是指通过合作与共享而建立起的一种整体高效的综合有机系统，这种组织互为主体、灵活高效、整体合一，能够实现系统中任何一方主体都无法单独实现的高水平发展。

第三章
从个体价值到集体价值

当我伸手从正装外套口袋里拿出一部iPhone时，现场观众发出了明显的惊讶声和阵阵笑声。在近期的记忆中，没有人见过微软首席执行官公开展示苹果产品，尤其是在一个竞争对手的销售会议上。

——萨提亚·纳德拉

（Satya Nadella）

在互联网带来全新变革的商业环境中，互通互联使各类组织同处在一个庞大的空间中，并伴随着网状协同逻辑不断演绎和扩散，把独立创造价值当作目标的时代已经一去不复返了，共生共创成了时代的新主题。价值由独创到共创方式的改变，不仅是因为新生市场人口特征的改变，他们呈现出个体价值崛起、自我意识增强的特点，而且因为跨界带来了行业的融合，以及由此延伸的庞大的市场规模。这些变化共同作用，最终催生出截然不同的组织生态。在网状连接的空间中，组织内部必须是开放且具有弹性的，而在组织外部则逐渐趋于呈现以顾客为导向的价值共同体。

从独创到共创

在工业经济时代，大多数组织采用的是自上而下的金字塔形组织结构，它呈现出立体的三角锥体，高层、中层、基层构成了森严的等级结构，逐级分层管理的模式保障了组织结构的稳定性。金字塔形组织强调自上而下的集中式管理，在分工与目标的基础上，通过命令和计划对组织内部的人员进行严格控制，以实现组织的正常运行。在生产力相对落后、信息比较闭塞、环境处于稳定的计划经济时期，金字塔形组织结构作用显著，它结构简单、权责分明、命令统一，能够帮助组织迅速地集中资源，实现快速成长。然而在市场经济的条件下，技术发展越发迅猛，信息快速更迭，环境变得相对复杂而多变，反应迟钝、应变能力弱的金字塔形组织结构的弊端被凸显和放大。

微软的组织架构，是对传统的金字塔形组织结构进行了一定的改良而设立的战略事业部结构。Windows 操作系统和 Office 办公软件等软件包的开发与销售是微软公司的主营业务，这类软件包的开发和销售任务是适合被层层拆解，逐条细化，进而按任务、功能以及模块由大到小分配给研发人员的，所以主营业务从根本上决定了微软需要采用金字塔形组织结构。在战略事业部结构中，微软实行逐级管理、层层汇报的员工管理模式。这种模式利弊兼有，它适合于大规模的生产制造，少数的精英人才可以带领大量的、相对而言较为平庸的工程师准确地执行上层部署，完成产品研发任务。但是其缺陷也十分明显，较多的资源和能力留在了战略事业部内部，造成信息和资源的共享十分困难，因此这种结构也被称为“军阀结构”。可以预见，当数字经济尤其是人工智能来临时，一旦相对平庸的工作者能够被人工智能替代，金字塔形结构将会受到明显的冲击，整个管理架构便会失衡，微软可能会面临大规模的裁员。

德鲁克指出，“组织不良最常见的病症，也就是最严重的病症，便是管理层次太多，组织结构上的一项基本原则是，尽量减少管理层级，尽量形成一条最短的指挥链”。不管金字塔形组织形态如何调整和优化，集权化、中心化的基因没有改变，本质上仍然是高层做出决策，中层负责控制，底层负责执行，少数决策者控制着大量的员工，下层员工自主性差，参与度低，行政化、机械化的管理方式严重限制了员工能力的发挥。内部反馈机制的缺乏，使得组织无法与外部开展良好的沟通和互动，最终成为一个闭塞的僵化系统，无法适应市场的竞争。

信息社会的到来，加速了知识向生产力的转化，要求组织更加重视学习能力的培养和创新，知识成为组织的核心要素。学习型组织是在批判和超越传统金字塔形组织的基础上，建构起来的一种不同于传统组织的组织结构形态。学习型组织秉持激励学习、激发创新和自我超越的管理理念，建立起弹性化、扁平化的组织结构，大大增加了组织的学习能力和适应能力。与金字塔形组织结构相比，学习型组织无论是在工作绩效、信息沟通、能力培养方面，还是在灵活性、适应性、创新性方面，都表现出明显的优势。

自学习型组织之父彼得·圣吉（Peter Senge）提出“学习型组织”的管理理念以来，各界学者和组织管理者对它的讨论便从未停止。尽管探讨已经持续了二三十年，但学习型组织的发展演变方兴未艾，其被描述为一种理想的组织形态，备受理论家和实践者青睐。然而学习型组织并非组织结构演化的终点，诚如吉利（Gilley）等人所指出的，“在过去的10年里，对学习型组织的认识已经上升到了哲学高度。很多人尊奉学习型组织的方法，吹捧它的种种好处和优势，甚至得出结论说学习型组织就是组织发展的最终结果。我们赞成学习是发展的先决条件，也赞成应该集中精力将传统组织的有关特点、原则和政策向学习型组织进行转化。然而，我们并不接受这种观点，即学习型组织就代表组织形态演变的终结点”。学习确实是构成组织结构的重要因素，但学习绝不是唯一因素。

与此同时，越来越多的组织投入大量的精力和资源，努力将自身打造成学习型组织。虽然它们在组织文化建设、商业模式、价值观以及战略制定等方面做出了改变，但是仍然难以改变仅在表面追赶学习型组织浪潮的实质，没有改变组织内部根深蒂固的对学习型组织的阻力，更无法建立对学习型组织的内心追求动力以及与之匹配的管理制度，组织依然不能获得长足的进步。

共生型组织在打破思维惯性的同时，也在改变组织的行动。从外而内重新审视组织，消除了组织的结构障碍和冗杂的管理层级，打破了组织边界，通过跨领域的合作实现了组织价值的创造。在快速发展的过程中，共生型组织保持危机感，不断创新和突破，从而在激烈的竞争市场中保持持续的成长能力。共生型组织关注顾客需求，并且始终努力满足顾客的各方面需求，组织与管理者能够在内部形成一种默契的文化，包容与支持团队成员不断探索、不断尝试，保障组织源源不断的创新力，为满足顾客需求提供能力，从而迎接随时而来的挑战。

小微单元

在互联网时代，组织比以往任何时候都更需要接触顾客，需要更灵活地满足顾客个性化需求。共生型组织消除了传统组织结构管理层次多、权力集中，以及对市场和顾客反应迟钝的弊端，通过小微单元，让管理层级得到最大化减少，权力随之进行了分布，组织变得灵活而具有弹性，确保了迅速对外部环境的变化做出反应。

稻盛和夫创造的经营模式被称为“阿米巴经营”。简而言之，“阿米巴经营”就是把组织划分成一个个小的团体，通过独立核算制加以运作，在公司内部培养具备经营者意识的领导，实现全体员工参与经营的全员参与型经营。[6]

阿米巴原本指的是一种原生体的变形虫，其最大的特点是能够随着外界环境的变化而改变，不断进行自我调整以适应所面临的生存环境。阿米巴由于极强的适应能力，在地球上存在了几十亿年，是地球上最古老、最具生命力和最具延续性的生物体。"阿米巴经营"是为了组织可以随外部环境的变化而快速改变，其原则和原理是"追求销售额最大化和经费最小化"。为了实现这一目标，就需要把组织划分成小的单元，采取能够及时应对市场变化的部门核算管理。在这种方式下，组织可以随着外部环境变化而不断改变，调整到最佳状态，灵活地适应市场的快速变化。同时，这使组织成员的经营意识和参与感有了极大的提高。

洛可可的"上上细胞管理"机制和稻盛和夫创造的"阿米巴经营"模式有异曲同工之处。洛可可设计有限公司是唯一囊括德国 IF 奖（汉诺威工业设计论坛奖）、红点奖与美国 IDEA 奖（工业设计优秀奖）三项国际顶尖设计大奖的中国企业，凭借 55 度杯、故宫文化衍生品和旅游文化创意产品等被消费者所熟悉。公司的主要人员是创意设计人才，他们思想开放，有很强的独立思考和行动的能力，传统的"严管死守"的管理方法不但不适合他们，而且会抑制他们创造性思维的表达。在这种情况下，个人的能动性管理显得尤为突出。

从公司建立初期，创始人贾伟就在探索和创新更有效的公司管理模式，并逐渐摸索出一条自己的路——上上细胞管理。它不同于工作室和企业的管理模式，但是又把二者巧妙地结合到一起。上上细胞管理把公司变成一个个小单位，称为“上上细胞”，每个“上上细胞”都是一个完整的团组，拥有独立的“上上”财务管理、“上上”质量管理、“上上”客户管理、“上上”服务流程管理等7个管理体系。在“上上细胞”背后，是洛可可在总公司层面的配合和支持，并且承诺当公司利益和“上上细胞”利益发生冲突的时候，以“上上细胞”的利益为主。洛可可通过“上上细胞”的设置把个人的能力整合为一个平台，他们既可以自由地发挥主动性和创造性，又可以相互合作和帮助。贾伟描述洛可可总公司和“上上细胞”之间的关系是，“所有的‘上上细胞’背后必须有品牌支撑，没有品牌支撑这些‘细胞’是活不下去的，与此同时，‘上上细胞’提供优秀的设计和服务给客户，凝聚一批客户”。

海尔的管理坚持“企业无边界，管理无领导，供应链无尺度，员工自主经营”，构建了海尔的“小微组织”，这样做是为了让组织和个人进行合作组合的时候，更符合互联网时代的需求。与之类似，华为把内部管理特征描述为“流程固化，人员云化”。任正非把华为的组织打造成“云”，员工可以彼此交互合作，其中，最为人所知的是“铁三角”组织模式。在这种模式之前，客户经理与客户对接的模式是一对一，客户出现问题，客户经理流程性地把问题交给解决方案专家和交付专家，组织对客户的问题更多的是被动地响应，每个人员只负责自己领域的一部分工作，难以主动把握客户的深层次需求。

“铁三角”组织模式打破了之前的一对一模式，把客户经理、解决方案专家和交付专家组成一线共同作战单元，为客户服务是他们共同的核心目标。客户经理从过去单纯的销售人员转向综合经营管理人员，解决方案经理由产品销售向综合解决方案销售转变，交付经理也从纯粹的项目交付转为对客户服务，他们依据自身的职责进行合作工作。三者目标一致，思想统一，组成一个三角形的整体结构。铁三角的目的就是发现机会，抓住机会，将作战规划前移，呼唤与组织力量，实现目标的完成。“系统里的三角关系，并不是一个三权分立的制约体系，而是紧紧抱在一起生死与共，聚焦客户需求的共同作战单元。他们的目的只有一个：满足客户需求，成就客户理想。”华为这种基于流程的合作，让员工的个体价值和组织的整体价值得到最大化结合，提升客户生命周期体验，实现组织的可持续增长。

不论是稻盛和夫的“阿米巴经营”，还是洛可可设计的“细胞管理”，海尔的“小微组织”，抑或是华为的“铁三角”组织模式，都通过将组织划分成小的结构单元，消除了传统组织结构的效率低、内部合作障碍的弊端。小微单元的实施，将权力下放到直接与顾客接触的员工，进而激发了员工的责任感，将员工的“被动”工作立场转变为作为“主人翁”的主动立场。每个员工在小微单元中工作，营造了全民参与经营的积极氛围，而且员工更加能够切实体会到自己的工作为小微单元甚至为整个公司带来的价值和贡献，进而感受到自身的重要性，在工作中找到乐趣和价值实现的成就感。在这样的结构中，更大的改变是“小微单元”与公司大系统之间的协同效率的增加，因为划小单元，让公司员工能够成为“主人翁”，又因为这些集合的小单元，使得公司大系统的效率变得更加高、更具柔性以及更加灵活，让一家大企业变得如小企业一般，能够快速应对外部环境变化。

组织今天遇到双重的考验，一方面是如何获得人才，另一方面是如何让大系统具有灵活适应不确定性的能力，组织和员工的关系越来越快地从控制向平等转变。因此，对于组织而言，需要重视员工个人价值的表达，给员工之间可以互动的机会和自由，而不是固化在各自的岗位范围负责自己的“一亩三分地”，让每个员工在能够高度自治的同时，又能够与其他人共同工作，从而创造尽可能大的价值。

合伙人

在我们的团队对组织进行研究之初，快消品行业就是我们关注的重点领域之一。对这个相对完整和极其成熟的领域而言，海量的产品以及激烈的竞争决定了组织要在其中占有一席之地并长期保持一定优势的难度极高。在消费升级的背景下，虽然果汁、碳酸饮料等细分品类发生了下滑，但是随着人们生活水平的提高和对咖啡文化认知的提高，咖啡产业反而迎来了发展红利。

前瞻产业研究院发布的《中国咖啡行业市场需求与投资规划分析报告》指出：“中国咖啡消费市场已经保持了10年的高速增长，而且每年市场增长速度为15%以上，而发达国家市场每年增长速度仅为2%~3%。预计到2020年，中国咖啡消费市场将达到1万亿元人民币，2030年之前，中国咖啡消费市场可能会到2万亿~3万亿元人民币。”由此可见，中国的咖啡市场发展空间巨大。

巨大的潜力吸引了众多的咖啡品牌，就目前中国的咖啡市场而言，已经形成了一大批知名的连锁品牌，如星巴克、上岛咖啡、两岸咖啡、名典咖啡、太平洋咖啡等。虽然品牌林立，但是星巴克的市场地位依然难以撼动。自 1999 年在北京国际贸易中心开设了中国大陆第一家门店，星巴克在中国的开店版图便不断扩张。目前，星巴克已经在中国 130 多个城市开设了超过 3000 家门店，拥有近 4 万名员工，并计划到 2020 年在中国开出超过 5000 家店。研究团队试图观察清楚星巴克快速发展背后的经营秘诀，更希望寻找到员工始终坚定地忠诚于星巴克的原因。

在星巴克创始人霍华德·舒尔茨（Howard Schultz）的企业传记《将心注入》中，他回忆道，父亲是个做事兢兢业业的老实人，一生勤奋工作却一事无成，更没有从自己的工作中获得过人生的尊严和意义。[7]因此，在创建星巴克之时，舒尔茨就希望这是一家能让员工感受到尊重和信任的企业。

星巴克坚信，要让顾客满意，首先要让员工满意。为此，星巴克为员工提供了不同的体验。在与员工的关系方面，星巴克秉持“没有员工，只有合伙人”的观念，每一个员工都被称为伙伴，而非“员工”或“店员”，以此向员工传达出星巴克对每个人的尊重。星巴克对“伙伴”的尊重从新员工入职的时候便开始，每一位新加入星巴克的员工，不仅在入职之前就会收到店经理的欢迎邮件，入职后还会收到公司的欢迎礼包，并且将与店经理共同品尝咖啡，以便更好地融入企业。为了与员工共同分享成功，星巴克推出了“咖啡豆股票”全员持股计划，每个员工持有限制性股票，成为公司的股东。如舒尔茨所言，“在过去的 20 年间，星巴克是唯一一家实行股票计划的零售企业，享受这个计划的也包括兼职的小时工。计划不仅让星巴克成为一个更好的工作场所，而且使公司的每一个员工成为公司的主人，并以此为傲”。此外，星巴克还为所有全职和兼职的员工提供了具有竞争力的保险医疗服务，以保障员工的健康福利。2017 年 6 月，星巴克为公司工作两年以上的全职员工提供了新的福利，即为年龄在 75 岁以下的员工父母购买“重疾险”，这项覆盖 30 种常见的危重疾病的保险计划是在了解员工的诉求后，进一步为员工提供的保障。

在关注员工切身福利的同时，星巴克也特别关注员工的成长，建立了企业大学，致力于为员工提供更好、更全面的培训及职业发展训练。培训课程涵盖了星巴克中国业务所涉及的各个方面，其中最有特色的课程除了咖啡文化，还包括针对零售门店以及各支持部门的专业知识能力，以及领导与管理等模块。星巴克一位区域经理在培训时讲道：“作为领导者，我们要看到一个伙伴在公司 3~5 年的未来，帮助他实现职业梦想。”

霍华德·舒尔茨曾经表示：“仁慈、怜悯心、人文精神、爱这些词汇也许不常在商学院的教科书里出现，但是这些恰恰是我们打造一个长期、持久、繁荣的企业的基石。”从星巴克对员工的爱和关怀中透露出的人文精神，正是可以让员工与企业一路向前的动力，而星巴克独特的“伙伴文化”是对其人文精神的重要解读。

中国的很多企业也在“合伙人制”管理模式方面做出了尝试，并且取得了不错的效果。小米的合伙人制便是围绕小米的三项核心业务——软件、硬件与互联网服务展开。小米在成立初期，便组建了有7个联合创始人的核心管理团队，并且通过充分授权，各自分管部分领域，人才能量充分释放，实现了整体的高效运转，形成了团队的共创制胜。

阿里巴巴于2009年便创建了“合伙人制”，并且希望把阿里巴巴打造成一个既能坚守阿里巴巴集团的文化和价值观，又具有持续生命力的组织。合伙人制规定了公司由各业务线骨干操盘而非由股东掌控，甚至可以由合伙人提名董事局的大多数董事人选，而不是根据股份多少分配董事席位，这种改变有利于公司内部的激励和主动性的激发。合伙人制进一步对合伙人的退休、除名等退出机制做了规定，具有一定的纠错能力和包容性。

为了增加一线员工的薪酬，同时也为了节约成本以及提升营运收入，永辉超市针对一线员工实行了“合伙人制”，将员工的收入与部门、科目、柜台等收入挂钩。当员工意识到自己提供更出色的服务能得到更多的回报时，便能与组织成为息息相关的共同体。“合伙人制”不仅解决了永辉超市的一系列经营管理的瓶颈，使得员工的离职率和商品的损耗率都有了显著的下降，而且为一线员工注入了强大的活力和旺盛的斗志。

工作不创造幸福，但有助于得到幸福。[8] 博德洛（Bodro）与戈拉克（Gorak）将工作视为员工获得幸福的一种途径。在某种程度上，工作是员工能力得以充分发挥的一种重要渠道，为了获得赖以生存的工资收入、获得自身的充分发展，人们选择了工作。然而，如果工作本身仅仅是作为获得幸福的一种媒介，就不能解释工作场所中出现的类似组织公民行为等现象。人们选择工作还存在着另外一种动机，就是希望能够从工作本身中获得幸福感。[9]合伙人制将员工从打工者变成合伙人，共享利益、共担风险，为有梦想的人提供了发挥的平台。

从相互竞争到跨界合作

互联网特别是移动互联网的出现，使得组织和顾客之间的沟通方式和平台发生了巨大的变化，每个组织都找到了最短、最便捷的途径与顾客进行连接。组织失去了信息不对称时代的地位优势，没有组织可以百分之百地确定自己的竞争对手，所有行业的边界已经被打破。行业之间的界限越来越难以界定，组织之间的竞争转化成无边界的竞争，无边界竞争进一步带来了无穷大的需求以及几何级增长的市场。不妨以沃尔玛和京东的合作为例，看看跨界协同所带来的更多机会和更大市场。

截至 2016 年 12 月 31 日，沃尔玛已经在中国 189 个城市开设了 430 多家商场，但是在电商端，它却一直处于弱势。虽然在 2010 年，沃尔玛就将电商提升到了战略的高度，但是传统零售巨头的转型并非易事，加之众多新兴电商的迅速崛起，沃尔玛一度面临被亚马逊赶超、被阿里巴巴逆袭的尴尬处境，甚至在 2015 年的投资大会上，沃尔玛市值经历了下跌 200 亿美元的低谷。尽管沃尔玛的电商转型过程既存在新崛起组织的竞争，也要面对高昂的成本压力，但是沃尔玛一直坚持在电商端发力，并通过合作协同的方式最终实现了突破。

2016 年 10 月，沃尔玛与京东以及达达 – 京东到家达成联盟，沃尔玛入驻京东到家平台，门店到消费者的配送环节交给专注于同城快送的达达 – 京东到家，取长补短，获得了合作共同体价值的快速成功。现在，消费者浏览“京东超市”和“京东到家”的网页，都可以看到沃尔玛是第一选择，最后一公里的配送服务由达达 – 京东到家承担，这看似只是最后一公里的事，却联合了多方领域，而整个过程完成了各方领域的共同利益实现。

沃尔玛具有遍布全球的仓储与采购，在传统零售中具有将运营成本降到最低的优势，但是，聚焦于门店的战略却让沃尔玛在门店到消费者的最后一环处于短板。达达 – 京东到家是由京东旗下“京东到家”与众包物流平台“达达”合并而成的独立公司，根据达达 – 京东到家的官方数据，它目前已经覆盖中国 360 多个城市，拥有超过 300 万名配送员，服务超过 80 万家线下商家用户和 3000 万个人用户，日均配送峰值超过 400 万单。据统计，由达达 – 京东到家配送后，沃尔玛的每单配送成本将下降过半。

达达 – 京东到家是补足沃尔玛短板的最佳选择。随着京东和沃尔玛的合作升级，数据显示，沃尔玛的线上业务实现了迅猛增加，2017 年 6 月，沃尔玛的线上销售额与 1 月相比增长超过 4 倍，订单量达到 1 月的 3.5 倍。而沃尔玛带来的海量用户以及强大的上游供应链资源，也必将为京东带来更多的用户流量，以及更加国际化的采购优势。沃尔玛接入达达 – 京东到家也将为这个年轻的平台带来更强大的背书，吸引更多线下商家的加入，部分城市的永旺综合百货超市和永旺美思佰乐、法国欧尚集团的欧尚超市以及正大集团旗下的高端会员制超市正大会员店等先后入驻京东到家平台，达达－京东到家的用户覆盖面进一步得到增大，为消费者带来更全面的服务的同时，也将对消费者产生更大的吸引力。沃尔玛、京东以及达达－京东到家打破边界，形成了密切的合作关系，对三方而言，无疑都是一次争取更大市场的良好契机。

2017 年 6 月	• 整个 6 · 18 期间达达平台单量累计突破 5000 万单，6 · 18 当日单量峰值突破 400 万单
2017 年 5 月	• 达达 App 全新上线
2017 年 5 月	• 沃尔玛宣布 2017 年将会有 180 万家店接入京东到家
2016 年 10 月	• 沃尔玛中国实体门店独家接入京东到家，由达达完成配送
2016 年 6 月下旬	• 达达－京东到家与沃尔玛形成战略伙伴关系，为沃尔玛中国实体门店提供快递服务
2016 年 4 月	• 达达与京东集团旗下 O2O 子公司“京东到家”合并，新公司命名为达达－京东到家
2015 年 4 月	• 京东到家上线
2014 年 6 月	• 达达正式上线

图 3–1　达达－京东到家事件簿

跨界带来了更大的市场，更大市场的维护需要更深入地挖掘用户需求。彼得·德鲁克在《管理：使命、责任、实务》中给出了企业的定义：“企业在定义自身的使命和目的时，其出发点只有一个，即顾客。满足顾客的需求既是企业的使命，也是企业的目的。因此，针对‘我们的企业是什么’这一问题，我们只有从企业外部，即从顾客与市场方面来分析才可以做出回答。”顾客是组织恒久不变的价值追求，研究团队长期跟踪全球的知名品牌，例如谷歌、强生、苹果、亚马逊、腾讯、华为等，研究发现这些组织长久的发展源自组织已经和顾客形成了无边界的融合。顾客需求是组织出发的起点，以顾客需求为导向，意味着组织的一切决策和行为必须基于对顾客需求的准确捕捉和透彻了解。

然而，满足顾客需求仅仅是组织在市场开拓中的基础，如何创造顾客需求才是组织在激烈的竞争中取得市场的关键所在。顾客需求通常呈现出不稳定和不确定性，增加了组织进行判断的难度，当组织无法及时准确把握顾客需求的时候，唤醒顾客内心的契机变得尤为重要。因而，以顾客需求为导向并不意味着组织的目标仅在于满足顾客需求，更重要的意义在于超越顾客需求以及创造顾客需求。尽管很多时候，组织了解到打破内心惯性思维的重要性，但在心理上仍然存在一些障碍，只有意识到这些障碍，才可能实现心态上的转变，才能做出打破惯性的有意义的行动。

组织需要突破被动的思维模式，与顾客直接互动，切实理解顾客需求，找到并创造顾客价值，主动与顾客一起成长，并让这种成长成为一种顾客与组织共有的习惯。换言之，共生型组织不是要满足顾客的预期，而是要大幅超越他们的预期。组织的目标不仅在于满足顾客的需求，更在于创造顾客的需求，推动顾客的成长。然而，比顾客更好地懂顾客、推动顾客成长并不是件简单的事情，因为顾客自身每天都在发生改变，技术本身也在日新月异，同行或者其他领域的企业也在发生变化，这就需要组织在面对这些变化的同时，不能停止学习和创新，要向合作伙伴学习，向竞争对手学习，更要向顾客学习。

“合”出来的新格局

在《利用群体智慧》一文中，伊丽莎白·拉威尔（Elizabeth Ravel）表示，“无论公司是否喜欢这一点，他们都是一个生态系统的一部分。除非公司承认自己与其他‘物种’——包括用户、供应商、合作伙伴、NGO（非政府组织）、创业公司、大学以及学术机构——是互相依存的，否则将越来越难以存活”。[10] 组织无法逃脱它所处的生态，也无法回避边界模糊的现实，这就意味着组织之间的合作已经无法避免。对组织而言，这并不意味着是一种迫于压力的无奈，反而会是一种机会，可以突破自身的限制，在保持现有资源的情况下，最大可能地让其他资源为我所用。

百思买的领导者理查德·舒尔茨（Richard Schulze）认为：“合作的词根是‘共同劳动’。这种共同劳动的简单概念就是合作的基础，不过这个简单概念会让人们联想到一些其他的东西，一些能够产生更高层次共鸣的东西。这个词带来的更高层次的共鸣，正是我们追求的、渴望获取的，因为其中蕴含着发展个体和团队意识、获得问题解决方案的可能性。”在以互联和数字为特征的时代，人们的生活方式发生了根本性的变化，这就意味着组织需要重新认识顾客在行为和价值判断方面的变化。组织的价值不是由组织独立创造，而是由许多成员、合作伙伴共同营造，众多的个体智慧共同构成组织的大智慧。如此看来，组织创造价值的关键不在于组织本身，而在于如何有效地调动和集合每一个相关成员的创造力。

让合作成为共同愿景

任何一个组织从产生初期就开始构造自身的目标和理想，并将其打造成企业文化和精神伴随着组织的整个成长过程。现在，已经看到很多组织把“合作”注入企业文化中，小米的“每一位员工都是平等的，每一位同事都是自己的伙伴”，京东的“以人为本、互信合作的团队观念”，百度在“百度论语”中强调“你不是孤军”，这样的文化是具有号召力的，但是将这种号召力转化为行动，需要的是组织和成员的共同认可，让合作成为组织和成员的共同目标和理想，这就是“共同愿景”。

彼得·圣吉在《第五项修炼》中对建立“共同愿景”这项修炼的内涵做了明确的界定：“尽管这项修炼叫作建立共同愿景，但是这个说法纯粹是为了方便而已。实际上，愿景只是组织的指导性愿望的一个组成要素，这些指导原则的核心是共同的目的感和使命感。如果有任何一项领导的理念，几千年来一直在组织中鼓舞人心，那就是拥有一种能够凝聚并坚持实现共同愿景的能力。建立共同愿景对于组织价值观的形成，特别是对于组织凝聚力的强化具有重大影响，同时，这一修炼显然是组织目标形成和组织成员目标认定的必要前提。”彼得·圣吉归纳了“建立共同愿景”中所包含的各项要素。

（1）愿景：我们想要的未来图像。

（2）价值观：我们如何达到我们的目的地。

（3）目的和使命：组织存在的理由。

（4）目标：我们期望短期内达到的里程碑。

一旦共同愿景真正建成，它会改变组织和成员的关系，会唤起组织内生的共同凝聚力。组织强调合作的文化，首先需要在组织内部建立合作的愿景，并将它转化为成员的共同愿景。那么合作就会成为一件具有吸引力的事情，把集体的努力聚焦到一个共同点，把集体的前进方向汇集到同一处，从而使组织具有强大的凝聚力，拥有面对一切挑战的团队力量。

2008 年，IBM 提出了“智慧的地球”的愿景，“互通互联”是其三个主要维度之一。但是在刚提出之时，这个观点的价值并没有获得普遍的认可，直到苹果与合作伙伴几乎在一夜之间颠覆了手机行业传统观念，人们才真正意识到合作联合的重要性和迫切性。

华为作为世界领先的通信设备提供商，提出了“开放、合作、共赢”的生态发展理念。华为认为开放合作成为趋势，以前的行业竞争多合作少，未来合作将会越来越多。基于此，华为认为建设更美好的全连接世界，不可能仅靠华为一家实现，而是要靠全行业、合伙伙伴及政府共同合作来实现。组织想要更好地拓展市场，就应该采取更加开放的策略，谋取共赢之道，通过优势互补实现与产业链上下游组织的多方合作，更务实地推进开放平台建设，与大家一起做大产业链规模，在共赢之中实现自己的发展。

苹果公司的应用程序 App Store（苹果应用程序商店）是一个合作策略的典型成功案例，通过采取合作策略，App Store 积聚了大量第三方开发者，引入了多达 220 万个应用程序，巨量的应用程序满足了用户的多元化需求。

被称为“企鹅帝国”的腾讯，坚持“合作是一种能力，而不是简单的用户流量”。腾讯打造开放生态，让外部竞争者成为合作伙伴，内外部的研发团队处于相同的竞争环境中。通过将用户数和关系链进行开放，腾讯的平台资源得到了共享，对此有评论认为，“腾讯把自己的半条命都交给合作伙伴了”，但事实是，这“半条命”换来的是合作伙伴的“整条命”，因为合作伙伴意识到，与腾讯合作后获得的是更多的机会和更大的资源，一旦解除这种合作，它们的整条利益链都会受到影响。合作伙伴的殊荣与腾讯息息相关，因此，腾讯的合作伙伴会主动将打造腾讯的辉煌作为自己的职责。

在数字经济之下，科技逐渐成熟，可以进行开放式的想象：未来的组织会是机器和人的合作。虽然现在看来，这个假设是非常无边界的，但是并非完全没有可能实现。因为，数字经济在飞快发展的过程中，技术日益成熟，应用范围也越来越广，以至于现在机器在很多方面的表现已经超越了人类。腾讯财经于 2015 年推出了自动化新闻写作机器人，它能够瞬时输出分析，自动生成稿件，短短一分钟的时间就能将重要资讯和解读送达受众。据外媒报道，摩根大通设计了一款金融合同解析软件 COIN，这款软件上线半年多，便可以将律师和贷款人员每年消耗 360000 小时才能完成的工作，极大地缩减到几秒完成。COIN 不仅使错误率大大降低，而且可以达到全年无休的状态。2016 年年底，俄罗斯最大的银行——俄罗斯联邦储蓄银行（Sberbank）宣布推出机器人律师，用于处理各种投诉信件，这将导致大约 3000 名在银行工作的法律专业人士被炒鱿鱼。对此，俄罗斯联邦储蓄银行执行委员会副董事长瓦迪姆·库利克（Vadim Kulik）曾经预言："未来所有的常规法律文件处理都将自动化，只需要律师处理那些紧急的法律程序。"可以预想到，在未来，作为人类智慧结晶的人工智能以及更大范围的技术将进一步把人们的智慧放大，帮助人们提升效率和改善生活。

合作提升价值创造

在 80 年前，美国行为科学家梅奥（Mayo）等人在美国西方电器公司开展了长达 9 年的霍桑实验，并且在《工业文明中人的问题》中提出"人际关系理论"。梅奥否定了传统管理理论对于个人因素的忽视，主张不能将人仅仅当作工具，而应该将其视为社会系统的有机组成部分，不能单纯从技术和物质方面满足他们，更要注重从社会心理考虑合理的组织与管理。然而，个人的价值并没有得到真正重视。

2015 年,《美国管理学会学报》曾经刊载过一篇编辑寄语，几位业界和学术界的作者共同探讨了组织的目的和意义。他们认为，商业组织不仅制造产品，提供服务，而且让员工受到工作环境和组织文化的熏陶，对他们进行培育。此外，文中还提出了促成组织实现其目的和意义的六项关键价值观：尊重个体、团结协作、包容多样性、适度分权、互惠互信以及可持续性。排在前置位的就是个体价值和合作，二者如何进行更好的融合，对今天的组织提出了考验。

组织管理重在让一个庞大而复杂的合作体系正常运作，体系中的个体不仅代表组织本身，更代表组织中的每一个成员。这就意味着，个体经济凸显的现在，组织中的任何一个成员都是独立的个体，他们除了拥有雇佣时代的组织属性，也拥有独立性。组织的平稳发展需要成员的协作和配合，进而完成一系列活动。因此，一方面，组织需要承认并且尊重成员的独立性；另一方面，组织需要采取行动，让个体和组织更好地融合。

“我是在生活所迫、人生路窄的时候，创立华为的。那时我已经领悟到‘个人才是历史长河中最渺小的’这个人生真谛。我也深刻地体会到，企业的力量、众人的力量，才是力大无穷的。人感知自己的渺小，行为才开始伟大。”在任正非看来，企业的力量是可以创造奇迹的，“也许是我傻、无能，才如此放权，使各路诸侯的聪明才智大大发挥，成就了华为”。任正非认为，是“15 万名员工，以及客户的宽容与牵引”才有了华为今天的成就。“我不知道我们的路能走多好，这需要全体员工的拥护，以及客户和合作伙伴的理解与支持。我相信由于我的不聪明，引出来的集体奋斗与集体智慧，若能为公司的强大、为祖国、为世界做出一点贡献，20 多年的辛苦就值得了。”成员、客户和合作伙伴的支持是华为可持续发展的动力所在，与此同时，华为也为成员、客户和合作伙伴提供了平台，使成员、客户和合作伙伴的价值得以发挥。

在竞争激烈的商业环境中，几乎每个企业都在商业的各个领域建立了生态网络联盟，每个联盟都力图通过建立伙伴关系达到总体大于部分之和的效果。苹果令人震惊的异军突起，一方面源于乔布斯的卓越指引，另外一方面源于苹果创建的包含众多软件开发商的生态网络，它为众多的软件开发商开辟了全新的路径，获得了与用户直接互动的机会。在这种基于市场与技术的优势互补关系中，平台化是重要原动力之一。对软件开发商而言，通过与苹果的合作获得了更多接触用户的机会；对苹果而言，利用软件开发商的创新能力，可以快速而准确地满足用户的需求。这些利益共同体之间，原本是竞争对手的关系，但是它们为了应对挑战而联合到一起，进而寻找到了合作优势。从竞争对手变成共生的价值体，一方面可以尽量减少单独面对竞争的被动，另一方面又可以带来全新的竞争格局。

合作促进组织优化

合作不仅是组织提高自身效率的方式，而且逐渐成为组织进行自我优化的一种途径。组织合作的最终目的还是为了更好地为顾客服务，而合作带来的极致的产品和服务，是组织为顾客服务的基础。在某种程度上，合作甚至会成为组织“起死回生”的灵丹妙药。

艾伯格圣经学院学习服务处负责人罗恩·弗雷泽（Ron Frazier）曾这样描述合作：首先，我们生活在一个混乱的时代。强者才拥有话语权，弱者无处发声，这种趋势让我们越来越困惑。我们为什么不在人际交往的各个层面，例如商业、医药、法律、教育等领域，寻找人们的真正利益所在？我们为什么不邀请人们用他们自己的话语讲述自己的利益？合作可以降低强权带来的困扰。其次，合作是一种行为，甚至可以说是一种礼仪。它在人类最基本的欲望中形成：对繁荣、富足生活的渴望，对爱与被爱的渴望……合作，为人类这些基本目的提供了实现方法。再次，合作可以促进学习。如果说找到并使用自己的声音是个人学习的关键，那么合作就是组织学习的关键。合作需要我们将想法转换为文字，并有条理地进行阐述，这些实践活动可以重塑我们的观念，扩大我们的视野。最后，可能也是最重要的一条，合作不仅是一种工作方法，还可以成为我们生存和发展的方式。[11] 如此看来，合作满足人的需求，是组织学习和成长的必备要素，是将组织塑造成拥有话语权的行业强者的关键。

从 2004 年，H&M（海恩斯 – 莫里斯）与香奈儿时尚总监、被誉为“时装界的恺撒大帝”的卡尔·拉格斐（Karl Lagerfeld）进行合作，推出一季联合系列。一方是平民的快时尚，另一方是奢侈品牌，就这个结合而言，已经足够奇特，被媒体称为“一场年轻漂亮的平民出身的女明星嫁入声望显赫的豪门的联姻”。但是，在话题带动下，这种奇特本身就成了产品的卖点，引发消费者的期待，带动了一场浩大的全球轰动效应。其结果，自然是名利双收的巨大成功。之后，H&M 每年都会和设计师合作推出联名款系列，尤其是自 2010 年和法国历史最悠久的高级时装品牌朗雯（Lanvin）合作开始，让消费者觉得入手一件联名款是一件特别时尚的事情。2014 年，H&M 和亚历山大 · 王（Alexander Wang）首次合作，发售前一天粉丝开始排队领号，网店开售仅 3 分钟，所有商品就被售罄；2015 年 H&M 和巴尔曼（Balmain）合作，公开售卖当天每个门店都人气爆棚，商品只有靠“抢”才能买得到。对于消费者来说，用较低的价格抢到一件轻奢的产品固然重要，但是更重要的是，粉丝们已经把每年的抢购固化成为一种习惯，他们并不在乎抢到的商品是否合适，也不在乎抢到了什么，因为衣架也被粉丝们抢购完了。

合作，甚至是出乎意料的合作，让 H&M 维持了品牌的热度，吊足了消费者和市场的胃口，把消费者的期待转化为一次又一次庞大的客流，为公司带来极强的持续性流量。

第四章
共生变革

恶意因素在复杂的系统中无处不在，生物系统、生态、市场、政治系统，当然也包括互联网，均是如此。

——**斯蒂芬妮·福雷斯特**

（Stephanie Forrest）

在 30 年的研究过程中，我们始终关注变化中的组织，关注它们的改变和成长。组织作为一个生命体，一定会有自己的发展轨迹，无论它是否超越了其他同行，目前的状态都是成长的结果。研究发现，即使共生合作让组织得以在巨变的大环境中保持良好的成长姿态，但组织对共生的探索和实践并非都是一帆风顺的，其中不乏共生的未知结果带来的慌乱、复杂的合作关系引发的冲突以及不可避免的失败。

突破阻力

共生意味着改变，改变就代表着动荡，代表着组织原有的状态、原有的习惯等都会进行调整。在这个过程中，组织和组织成员必然要放弃已有的观念和行为方式，以适应新的方式。改变的过程不可能是一帆风顺的，势必遇到来自组织内外部的双重阻力。

一方面，改变受到来自组织惯性的阻止。随着组织年龄的增长，组织具有了维持原状以保持其稳定成长的惯性，这本身便会导致一种排斥改变的自然反应。而且，伴随组织成长的成员的价值观和组织期望在过去的经验中形成，并且倾向于把过去养成的价值观和期望置于现在，对现在的一切与过去价值观相违背的事情会持强烈的拒绝态度。惯性的力量是巨大的，它长年累月地影响人们的生活态度，影响人们的思维方式和行为模式，并且难以在短时间内被改变，这种惯性的力量严重制约着组织做出改变。

另一方面，改变会受到利益冲突者的反对。自我改变的过程势必会调整各项利益，威胁到一些成员已有的利益状态，难免会引发一系列的冲突。玛丽·帕克·福列特（Mary Parker Follett）认为，“冲突和差异是客观存在的，既然这一点不能避免，那么，我想我们应该对其加以利用，让它为我们工作，而非对它进行批判”。同时，福列特表示，“我希望大家暂时将冲突看作不好不坏的，不带任何道德上的预断去考虑冲突，不要将它看作斗争，而是将它看作观点或利益差异化的表现。因为冲突正意味着差异。我们不应仅仅考虑雇员和雇主之间的差异，还要考虑管理者之间、董事会与董事之间的差异，或者任何可能存在的差异”。[12]

此外，改变受到变革风险的阻力。组织自我改变把确定和已知的东西变得模糊和未知，加之改变结果的未知，会进一步降低成员对自我改变成功的信心。每个人都有理性规避风险的倾向，而且成员从抗拒、怀疑、尝试进而接受是一个漫长的过程，它们都将给改变的实现带来障碍。

意识到自我改变会有阻力是开展变革的第一步。诚然，变革会带来冲突和动荡，会对团队的人际交流和合作产生负面的影响，但不能因此忽略它从更大程度上为组织带来的正向的影响和力量。自我改变使得组织的目标更加明确，管理更加有效，组织成员和顾客的认可度和满意度更高，更加符合数字化时代的要求。

没落的“王者”

2013 年，微软宣布收购诺基亚旗下的大部分手机业务，即使这项 72 亿美元的收购计划被时任微软首席执行官的史蒂夫·鲍尔默（Steve Ballmer）视为“诺基亚将书写的新篇章”，仍然不能掩盖这个昔日霸主的没落。而当时，诺基亚已经拥有 148 年的历史，收购者微软只有 38 年的历史，这就意味着微软成立的时候，诺基亚已经是一家成熟的企业。诺基亚在 1865 年成立的时候，还是一家小小的公司，但是这家公司非常成功地不断转型。在 1977 年的时候诺基亚开始做手机，以创新的力量超越手机行业的老大摩托罗拉，在全球手机行业占据第一的位置长达 14 年。21 世纪初诺基亚更是达到极盛，全球手机市场占有率最高达到 72.8%，在其鼎盛时期，芬兰 1% 的人口在诺基亚上班，每年贡献给国家 1.5% 的国内生产总值。但是之后，诺基亚迎来了持续的下滑，最终以无奈的“入赘微软”的方式从历史舞台上谢幕。

为什么昔日的“贵族”会没落？原因不仅包括企业难以避免的“大公司病”，还在于对市场的隔离以及缺乏创新，迂腐、失能的官僚组织，人浮于事的行为特点日益侵蚀诺基亚，沉迷于昔日的辉煌使得诺基亚只是不断关注自己的成本，而失去了自己的生态链。诺基亚在衰落初期的换帅，更是让其离市场越来越远。更重要的原因在于，领导者对改变的后知后觉。当乔布斯带着 iPhone 横空出世的时候，诺基亚的高管却断言“苹果在手机市场上不会是一个强有力的对手”，仍然执着于手机的按键。即使诺基亚一直专注于技术研发并申请专利，但是对塞班系统的迷恋反而成为将新技术转化为实践的障碍，这些专利被束之高阁。当苹果以野火燎原般的速度进入市场时，诺基亚被警醒，更换首席执行官作为放手一搏的策略。但是最终的人选埃洛普（Elop）却将诺基亚带上了绝路，他放弃了诺基亚自有的塞班操作系统，放弃了正在开发的可能成为诺基亚救命稻草的 MeeGo 系统，在 iOS、安卓系统俘获用户的当下，埃洛普却义无反顾地选择了用户数量极少的技术尚未成熟的 Windows phone 系统，进一步失去了用户，使得诺基亚的市场份额越发下降。业内人士是这样评价埃洛普的：在把一个大型跨国公司带入崩溃局面方面，埃洛普创造了世界最快纪录。

与诺基亚相似，外界的变化、自身沉迷于过去，让很多企业跟不上时代的步伐。在这个时候，最需要的往往是从企业领导者自身开始的自我改变，但是领导者最不敢放手做的正是自我改变。很多企业的领导者害怕面对否定自己的痛苦，害怕面对放弃优势的动荡，更担心面对原有体系受到的冲击，畏首畏尾拒绝变革。而拒绝变革的后果是进一步被市场抛弃，最终在风云变幻的商业市场中失去地位。

在阻力面前，组织不仅需要有强大的坚持信念，而且要把坚定的信念和乐观的心态传递给组织成员，做到既不会因为变革的模糊性拒绝变革，更不会因为存在妨碍变革的因素而放弃变革。更重要的是，领导者有确信的乐观心态，相信变革的牵引力量，相信团队的力量，相信自己的力量，并且把这种坚韧和信心传递给每一个为之付出的人，成为共同推动共生变革成功的信仰。

预见失败

组织的主要竞争力不仅来自组织外部，更来源于组织的文化，竞争力不仅体现在现有的领域，而且具有可持续的发展潜力。但是，这并不代表只要组织重视并采取共生的方式，就可以成功。如同组织所做的任何改变一样，改变在进行的时候，会打破人们的习惯，并且带来不确定性，从而增加人们对事情预判的消极性，而这种消极性又会打击组织和成员参与合作的积极性。

合作是一个群体的活动，将不同背景、不同性格的人聚集在一起工作，难免会有冲突和摩擦，出现失败也是无法避免的事情。全球合作网络创始人大卫·萨维奇（David Savage）认为合作失败主要有以下几个原因：自我、不和谐、怀疑和缺乏参与。在合作的过程中，自我心态和“我能获得什么好处”的心态会把人们的注意力转移到自身经济利益方面，而不能全面关注如何在不同的组织间进行合作。没有真正的共同目标，合作必将失败。缺乏沟通和目标不一致，将会迅速阻碍合作的进展，并且可能会产生合作破裂的严重后果。此外，在团体工作中，缺乏信任和缺乏承诺会导致合作过程中产生冲突，严重影响合作的效果。

合作中，信任是基础，信息共享是桥梁。在一个组织中，人们总是关注信任关系的建立，而建立信任关系的感知，就是是否可以获得对称的信息，是否可以建立一种平等、亲切的沟通氛围和组织形态。传统的组织，为了确保组织目标已有资源的稀缺性得以有效使用，信息交流本身被赋予了权限。互联网在改变人们生活的同时，也重塑了社会与组织，使得组织中的个体生存方式发生了根本性的变化，因为通过文件共享、微博、微信等社交媒体，信息共享变得快捷有效。

经济学家约瑟夫·舒彼得（Joseph Schumpeter）写道："价格的竞争并不重要，重要的是新技术的竞争、新材料的竞争、新型管理的竞争。这种竞争不是依据利润和产量，而是依据公司的基础和生命力。"合作的生存方式让组织获得了源源不断的生命力，这种生命力不仅来自组织成员共同创造的价值，还来自组织之间相互的能量供给，它们共同铸造了组织在激烈的竞争市场中的竞争力。

未雨绸缪——常态下的警觉

"这是最好的时代，这是最坏的时代；这是智慧的时代，这是愚蠢的时代；这是信仰的时期，这是怀疑的时期；这是光明的季节，这是黑暗的季节；这是希望之春，这是失望之冬；人们面前有着各样事物，人们面前一无所有；人们正在直奔天堂，人们正在直下地狱。"[13]以上这段话对现在的组织依然有价值，警觉更多的时候意味着根据周边环境和发展动态产生的判断，这种判断和意志力也是组织经营者、组织领导者的一种修养，尤其是对于快速成长的组织，成长本身带来的正面因素远远超过负面的，这时候的警觉往往最为难得。

2000 年，美国在线和时代华纳合并，当时的首席执行官理查德·帕森斯（Richard Parsons）曾经拿"夸特马"（Quarter Horse）来形容组织经营者受制于华尔街的困境："我曾经读过某些资料，其中说在 1/4 英里的距离之内，这种马是全世界跑得最快的一种动物。但我们却无法以同样的方式来应对商业竞争，因为未来还有无数'1/4 英里'，竞争不仅仅是在 1/4 英里中的竞争，而是一个 1/4 英里接着一个 1/4 英里。”这场被吹捧得天花乱坠的并购，之后便出现了经营状况急转直下，也遇到了合并中必然出现的文化冲突问题，最终惨淡收场，被视为有史以来最糟糕的合并案。很显然，组织领导者不可能在每个“1/4 英里”都表现出色。当组织拥有最大的市场、最大的顾客群、最大规模的营销网络体系、最大的生产线时，这也就意味着已经面临重重危机。

研究表明，现在组织快速成功的路径越来越相似，都是以资本投入来争取速度，以速度来建立规模，以规模来建立竞争壁垒，继而赢得市场，成就市场地位。在这些相似的发展规律的背后是速度，组织领导者难免会在一定时间内将速度作为主要追求，当速度达到稳定，成长变为常态，看起来一帆风顺的时候，恰恰是需要提高警觉的时候。即使组织的成长已经成为常态，即使看似一切都是正面的，警觉也至少应当体现在以下几个方面：

首要的一个方面，是组织扩大过程中的巨大的管理风险，这是资本解决不了的一系列最基础最实际的问题，无论最终问题体现在质量、创新、官僚还是流程等具体方面，一旦上了规模，危机便成几何级增加。成功不容易，维持成功更不容易。组织在持续发展的阶段，管理者需要时刻保持清醒，明确组织到底有没有在发生变化，究竟有哪些变化，组织是否存在官僚主义，领导层决策是否畅通，发展带来的组织架构中更多的层级是否阻碍了创新，最核心的管理者队伍是否稳定，在众多机会面前组织发展是否有足够专注和有足够弹性的选择能力，组织本身是否可能被市场和竞争对手所左右等一系列问题。

另一方面是组织究竟包含了哪些部分，管理者要看清这个时代下的组织的真实情况，就必须首先让真实的世界呈现出来。组织的现状并不能单纯通过 KPI（关键绩效指标）体现出来，因为组织本身是由无数个成员建立起来的，他们不是由冰冷的数字决定的，而是有内涵、有具体描述的生命体。研究一个发展中的组织的现状时，首先要明白究竟有多少人在组织的事业中并与组织一起成长。

这个问题看似简单却又有些让人摸不着头脑，在数字化时代，这是一个非常重要的问题。以出租车公司为例，每天和公司一起参与事业的不仅有汽车制造商和运营过程中的其他配件、燃油等供应商，还有出租车司机和其他相关员工，甚至还包括每一位乘客。但是，如果要做一个适应时代的出租车公司，企业有理由把乘客和松散型的司机作为组织中的成员，他们和企业一起参与乘坐出租车这个“游戏”，并且有理由制定更多的游戏规则。这个时候，组织开始变得不同。每个乘客和松散型的司机通过特定的信息共享平台提出服务要求，乘客信息不再通过调度发送，而是直接传输给附近的司机，司机响应并主动满足乘客提出的出行需求。如果从更宏观的视角看组织，就会发现，司机可以和陌生人互惠互利，只是靠一套手机已具备的定位系统和一个应用程序，代价如此之低，使得类似的组织更具吸引力。这个例子说明，当类似“滴滴打车”的软件诞生时，组织形态就开始改变了。如果出租车承运公司本身还没有看到这些技术改变的组织现状，企业就只能停步不前，因为更多的、有效的出租车业务将会被利用技术进步来促进组织变革的公司获得。

研究本身让我们需要提醒管理者，对于持续发展、不断扩大规模的组织而言，敏锐的观察力和随之产生的危机感，都是十分重要的。对于个体来讲，安全感是非常重要的。同样，对于一个面向未来的公司来说，安全感同样重要；挑战的问题是，缺乏安全感又是组织需要寻找的状态，所以管理者需要在这个冲突中寻找到平衡的解决方案。管理者时刻都不能掉以轻心，要让公司这个机体保持对外刺激的敏感性，保持一种警惕和临界的状态，时刻关注环境的不确定性并做出反应，同时要让公司在确定状态下取得绩效。

第五章
改变认知

人类走向迷途，往往不是由于无知，而是由于自以为是。

——让 – 雅克 · 卢梭

（Jean-Jacques Rousseau）

在很长一段时间内，企业认为提高生产力的关键是提升效率，必须充分利用和计算工人及生产线的每一秒，从此，管理被认为是绩效的研判和考核，然而这种基于绩效的管理容易导致组织关注相对短期目标而忽视了持久和延续。随着移动互联和数字全球化带来的远期成长，管理实践意识到对一个有着持续发展愿景的组织而言，最终对远期发展起决定作用的是那些无法被量化的组织自身的因素，比如一代代雇员对组织的情感以及顾客的依赖等，还有组织长期历练出的结合多方资源以应对变化和不确定性环境的能力——共生的能力。

英国诗人约翰·多恩（John Donne）在生死边缘诵出了内心的祷告："没有谁是一座孤岛，在大海里独踞，每个人就像一块小小的泥土，连接成整个陆地。"在合作互联的市场大陆地中，没有哪个组织是与世隔绝的孤岛，更毋庸谈及谁可以在竞争中独领风骚。共生价值体的优势在于，在透彻了解环境的不确定性后，能够通过协调合作的方式结合多个主体形成的有机协作系统，系统中各个主体之间共同适应、共同激发、共同进化，并以和谐共达的方式将共生环境中的各种关系集合到价值创造的方向上，最终实现系统中任何一方主体都无法单独实现的高水平发展。

打破边界："似水一样"的组织

行业渗透使得行业边界越来越模糊，企业失去了信息不对称时代的地位优势，具有灵活性和弹性的组织将更好地与环境互动。共生型组织是依据环境变化，以顾客为核心建立起的具有似水一样柔性的组织，它是开放而包容的，是像水一样的组织。一方面，水是柔性而多变的，可以依据所在容器的结构无限制地改变自身的形状，没有固定结构的桎梏；另一方面，水是坚韧而顽强的，它可以滴穿顽石，磨圆棱角，甚至可以包容一切。水的特征表现在一个组织里，就是组织的开放和弹性，像水一样变换，可以面对环境带来的近乎所有挑战。开放组织是为组织未来的成长布局，开放的组织充满激情和活力，将拥有更好的顾客群和更好的合作伙伴，获得跨领域价值下的利益最大化。

无印良品是一家受人关注的企业，随着它的产品范围的扩展，人们已经无法简单地界定这家企业的行业属性。2005 年进入中国市场的无印良品，在很大程度上影响了中国大城市新一代年轻人对家居、生活杂货的审美和消费需求。即使这个主打“简单、平实、好用”的日本品牌在中国的发展充满了独特的意味，也丝毫没有影响消费者对它的追随，消费者一边吐槽它的高价格，一边倾注自己的热情。很多人把无印良品定位为服装公司，这无可厚非，因为服装在它的商品结构中占比是最大的，2016 年服装的销售份额接近其全部销售额的 50%。但事实是，“无印良品是一家服装公司”这句话已经被它自身的实践所推翻。

2015 年，无印良品开始销售书籍，将主题图书和产品进行了功能匹配；2016 年 6 月，无印良品全球第一家餐厅 MUJI Diner 在上海营业，把零食和餐饮结合起来，让消费者逛累了可以有一个地方度过闲暇时光；11 月，无印良品把自己的业务拓展到整个住宅领域，推出无印良品小屋，贯彻了无印良品的极简风格，并且可以进行私人订制，消费者用 17 万元便可以拥有“我有一个房子，面朝大海，春暖花开”的梦想生活；2018 年 1 月，全球首个无印良品酒店“MUJI HOTEL”

在深圳正式开业，实现了“店铺 + 酒店 + 餐饮”的完美结合。

然而，无论无印良品做什么样的改变和突破，都是以无印良品的商品为中心，基于核心品牌的打造。无印良品通过跨领域的价值融合，把自己的竞争力持续地扩展到相互不连接的领域，打造了全产业的开发。我们很难预测，无印良品下一步将进入哪个领域。但是，不变的是它组合不同的合作者，高品质地提供满足消费者一站式服务的生活需求。

不同的组合与合作可以给消费者带来极致的体验，这也是今天越来越多的企业采取跨界合作方式的原因。在这个组合中，需要特别注意组织边界的管理，我们认为尤为需要解决两个边界：员工边界与顾客边界。

员工边界

1937 年，新制度经济学的鼻祖科斯（Coase）发表了《企业的性质》一文，创新性地提出了企业存在的原因和组织边界的问题。他认为，当市场交易成本高于企业内部的管理协调成本时，企业便产生了。也就是说，企业的存在正是为了节约市场交易费用，而市场交易的边际成本等于企业内部的管理协调的边际成本时，就是企业规模扩张的界限。[14] 至此，组织边界被提出。

互联网技术的发展，市场变化的加速，以及环境不确定性的增加，使得传统的组织边界的局限性日益明显，企业结构的弊端在数字经济时代暴露了出来。层级制度带来的僵化与路径依赖降低了工作效率，打击了员工的工作积极性，阻碍了员工创造性的发挥；部门之间缺乏沟通，信息的不对称使得顾客服务变得冗杂和繁复；企业内部壁垒重重，以控制为主，难以应对外部环境的变化。这一切都导致人们开始关注企业如何调整自己，如何改变这一切从而获得适应外部变化的灵活性。为了更好地适应环境，企业必须要具有弹性，成为以上弊端的“终结者”。

最近几年，在企业管理实践中，已经有越来越多的企业开始关注员工幸福感并着手打造幸福企业。自2009年开始，“中国最佳雇主”调查结果显示，与幸福相关的话题已经成为企业管理的热点，员工的满意度、幸福度、敬业度被认为是评判最佳雇主的标准（见表5–1）。智联招聘平台数据统计结果显示，有36%的人做一份工作不会超过一年，尤其在互联网公司，工作年限在一年之内的员工很多，5~10年的员工基本上只有10%~20%，10年以上的员工仅有4%。高流动性加剧了企业的人力成本，如何吸引人才，如何留住人才，如何打造良好的雇主品牌，成为企业需要持续思考的问题。研究表明，应对人才流动的核心在于对员工的重视，当员工在一个固定的模块里工作的时候，满意度是比较低的。真正吸引人才的企业会打破企业组织部门边界，让员工在不同模块的工作中实现自我成就。

在研究美国企业组织结构和经营战略的演变过程时，美国著名企业史学家钱德勒（Chandler）认为，企业组织结构是随着经营战略的变化而变化的，企业的经营战略决定着企业组织结构模式的设计与选择；反过来，企业经营战略的实施过程及效果又受到所采取的组织结构模式的制约。[15] 基于这一点，海尔进行了不断的调整。

表 5-1　中国最佳雇主评价指标

机构类型	评选机构名称	中国最佳雇主评价指标
国际机构	优信咨询	薪酬发展机遇、工作特点、人际与文化、公司声誉与形象
	怡安翰威特	员工敬业度
	世界企业竞争力实验室	员工忠诚度、客户满意度、品牌美誉度、企业管理水平、自我创新能力、薪资激励体系
国内机构	中华英才网	薪酬福利、品牌实力、企业文化、职业发展
	智联招聘	雇主形象、组织管理、薪酬福利、培训发展、工作环境、雇主品牌战略
	中国雇主品牌论坛理事会	回馈股东、奉献社会、承诺员工

有媒体评价，海尔一直在“折腾”。经历了去中层、建立内部小微的创新，2015 年，海尔提出了“人人创客，引爆引领”的发展主题。这意味着，海尔从管控型组织变成了投资平台，从传统企业转型成为互联网企业，员工则从被管理的执行者变成了企业的创业者。海尔选择打开企业平台，由原来封闭的企业变成开放的创业生态圈，无论是企业内部还是企业外部，都可以为企业提供能力，帮助企业获得新的发展机会。与此同时，海尔的管理模式也在进行相应调整。海尔将原来的职能部门变为两大平台——共享平台和驱动平台，从人力、法务和创业路径等方面为小微企业提供服务支持和环境保障。海尔创立 30 多年来，从一个资不抵债濒临倒闭的集体小厂发展成为全球白电第一企业，从一个产品和企业品牌转型为一个社群品牌，现在已经具有了开放的属性和平台的属性，不断变革和转型，不断打破内

外部边界，持续注入全新的能力。在海尔的企业文化里，只有时代的企业，没有成功的企业。在“人人都是创客”的时代里，唯有打破边界，不断颠覆自我，才能不断创新，也才能有走向未来的持续发展力。

顾客边界

苹果的 iPhone 系列培养了一大批忠实的顾客，从 iPhone 4 到 iPhone 5，再到最新的 iPhone X，虽然顾客使用的手机型号随着苹果公司发布新款机型在改变，但是他们对于 iPhone 的热情却从未改变。但是如果回到 10 年前，诺基亚才是霸占手机市场的“大佬”。诺基亚的思维模式是，不同手机满足不同消费需求，这导致了诺基亚产品的多样性，催化了诸多经典款式的诞生。诺基亚 1100 经典的外观，超长的续航，“小强”一般顽强的生命力，缔造了全球销售两亿部的神话；作为诺基亚全球首款全屏幕智能手机的诺基亚 5800，成为诺基亚历史上意义非凡的一款手机，不断刷新销量纪录，独具王者风范。然而，诺基亚不会料到，2007 年的一款新手机——iPhone——冲击了它的辉煌。苹果手机的出现打破了手机行业的传统格局，它的创新不是来自模仿竞争对手，而是打破行业边界，重新定义了手机的未来。

打破边界在众多行业中上演着改变。数字化经济的发展，带动了人工智能的关注。随着移动设备在家庭中的地位不断上升，智能家居的概念变得炙手可热，成为被市场寄予厚望的一个模块（见图 5–1），尤其是其终端顾客的数据带来的价值，更成为很多企业可望而不可即的资源。

美国知名市场研究机构 Research and Markets（研究与市场）最新发布的报告显示，未来 5 年，全球智能家居设备和服务市场将以每年 8%~10% 的速度增长，到 2018 年，市场规模将达到 680 亿美元。从国外巨头来看，苹果、亚马逊、谷歌以及三星，都希望能利用智能家居将自己的核心业务和顾客基础延伸到家庭中。国内市场竞争也十分激烈，海尔着力打造被称为“U+ 智慧平台”的一套完整的智能家居体系，美的推出了“智慧家居”和“智能制造”的“双智”战略，华为基于连接技术的强项试图打造智能生态，小米、京东、阿里……也都纷纷加入这场智能家居的战役中。

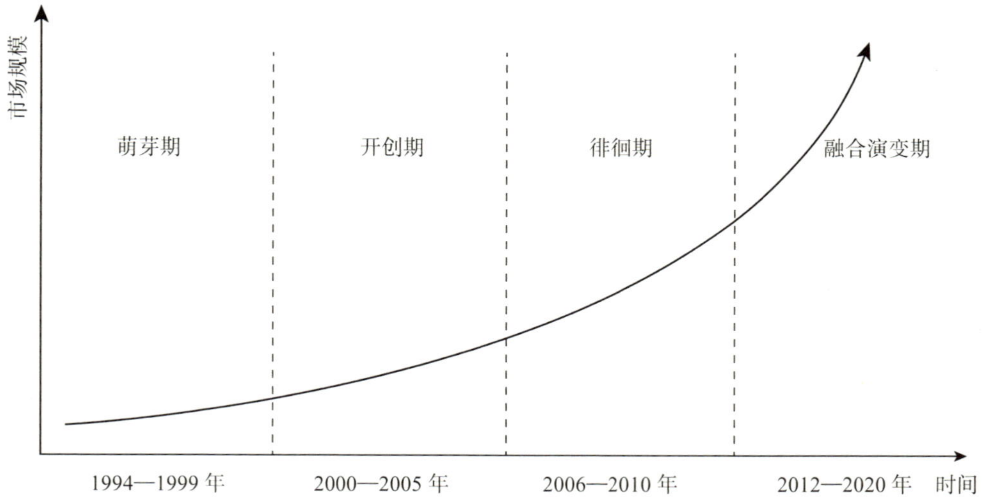

图 5–1　中国智能家居行业的不同发展阶段

资料来源：《前瞻产业研究院智能家居设备行业报告》

在这场战役中出现了一些“不速之客”，雀巢就是其中之一。2017 年 9 月，世界食品饮料巨头雀巢宣布与中国零售商京东进行合作，打造一款基于语音识别的家庭营养健康助手——雀巢小 AI。第一代雀巢小 AI 以目前中国智能音箱市场占有率和销量居首位的叮咚音箱为蓝本，除了具备一般智能音箱所拥有的天气预报、购物等功能，雀巢小 AI 还新增雀巢定制营养食谱、营养健康知识、专属歌单、育儿知识等特色内容。雀巢认为，目前互联网搜索和问答网站已经可以提供非常丰富的解答内容，但雀巢小 AI 提供的回答更加严谨和准确。

雀巢小 AI 创造性地将智能语音技术与营养健康领域的知识和信息相结合，更加贴近顾客的现代生活的健康需求。从京东与雀巢的合作来看，有 150 年发展历史的雀巢拥有世界范围内食品制造商的良好口碑，在营养健康领域具有丰富的经验和卓越的成就；京东则是中国收入规模最大的电子商务公司和零售商之一，建立了全国电商行业中最大的物流基础设施和网络。二者的结合，既践行了雀巢 150 多年来致力于“提升生活品质，贡献于更健康的未来”的目标，也丰富了京东的“智慧零售”模式，是京东在第四次零售革命来临之际科技赋能的又一重要举措。

雀巢大中华区董事长兼首席执行官罗士德先生表示：“中国是雀巢全球第二大市场，雀巢深耕中国市场 30 多年，时刻保持对消费环境和消费者喜好的深刻洞察。中国政府提出‘健康中国 2030’的目标后，包括雀巢在内的行业领军企业有机会也有责任为中国家庭的健康生活提供更多支持。雀巢小 AI 是一个很好的示例。更重要的是，这种创新商业模式符合全球发展的趋势，将消费品与‘机器服务’有机结合，为消费品注入了新的价值：便捷、有趣、有助于健康生活方式的养成。”他补充说：“京东的技术赋能也让叮咚音箱成为家庭食品健康与服务的中心，利用叮咚音箱将服务更自然流畅地蔓延到用户中去，科技与消费品、硬件与知识的结合创造了行业里最新的商业模式，同时创造更优质用户体验的零售基础设施。”

显然，智能家居这块“大蛋糕”是极具诱惑力的，但是不管是现有的竞争者还是新出现的“不速之客”，吃下这块“蛋糕”并不是一件容易的事情，想要独吞更是几乎不可能的事情。智能家居作为一个综合性的服务系统，行业产业链长、产品种类多、技术要求高、销售渠道多样化，单靠一两家传统企业难以独占市场，需要的正是行业间打破边界进行合作，共同分割这块“蛋糕”带来的巨大利益。智能化和信息化的需求正在打破行业的界限，促进更多的行业和企业进行深层次的互动和合作，这不仅给传统的商业模式带来了极高的挑战，也预示着每个行业都处在融合的发展模式中，行业间的界限越发模糊，行业的认知无法再以传统的经验为依据。

科技的快速发展、环境的复杂多变，消灭了传统的竞争壁垒，行业边界和竞争壁垒的消失也成为这个时代中最大的机会，最具有弹性的企业将会在新时代的竞争中胜出。与此同时，当外部因素变得越来越同质化，越来越没有行业边界的时候，顾客最终面临着供大于求的各类选择，以往曾经不断提出的竞争力、品牌因素、市场规律等，已经无法培育和维持企业远期发展的能力。在这种情况下，企业要想获得生存发展的机会，就必须调整组织的架构和管理方式，形成开放与合作的组织结构，让外界容易进入。

慢就是快：“不可替代”的路径

如果一个组织的每个成员都能更踏实地做事，这个组织就拥有了一个比其他组织做事更认真、更踏实的团队。踏实做事的风格使每位成员能够投入到工作的每个细节处，踏实地满足顾客的需求。共生型组织的一个目标就是，组织成员可以把每一项具体工作乃至组织的产品和服务做到不可替代，组织领导者可以把共生的品牌乃至共生的未来发展做得“不可替代”，这是共生型组织得以持续发展的最可靠的路径。

在过去很长一段时间，基于互联网迅猛发展的现实，很多组织不断依靠线上红利寻找新市场、新资源、新机会，带着组织追求快速发展的目标，纷纷试图追赶整个商业世界在过去一百年中成熟起来的节奏与步伐。这其中，不仅有新兴组织依靠技术的崛起实现了逆袭和超越，还有传统组织通过转型在扩大线上版图的过程中发展得风生水起。诞生于 2015 年的共享衣橱企业衣二三，将传统高端礼服租赁转变为日常着装租赁并作为战略重点，提前享受到共享狂热的浪潮。招商银行为摆脱固定市场的依赖，努力构建自己的线上服务网络，渴望提供更高效便捷的服务。同时，也有越来越多的组织有能力定义自己的未来市场，虽然它们有市场的雄心和野心，但往往会伴随着一些担忧。鉴于已经取得的成绩，组织容易表现出“自以为是”，进而会有更快速、更松散的决策，缺乏认真客观的观察和分析，也会过于相信管理层的聪明，相信凭借过去的经验就会拥有更多的机会，浮躁和停滞也会随之而来，被市场抛弃便成为注定的结果。

在互联网的商业竞争中，所有的组织都在进行一场冲刺式的马拉松长跑，稍有闪失便会被淘汰。这不仅是组织参与竞争的一种身份，更是组织要面对的残酷现实，机遇之后是更广阔的市场，同时也是更复杂和更长久的考验。踏上数字化长途跋涉之路后，很多组织发现，随着互联网的普及，线上人口盈余越来越少，与此同时，消费体验的升级却使线下市场独具吸引力。于是，越来越多的组织开始走向线下，进行线上线下的融合。

在这场互联网长跑竞争中，小米铸造了“更踏实”的形象。2010年，“为发烧而生”的小米创立于北京，从以手机为核心的互联网公司发展成为智能生态链型的创新科技企业，并先后进入全球 70 多个国家和地区，在国际化的道路上高歌猛进。虽然经历了 2016 年短暂的下滑，但是依靠技术创新，小米在 2017 年实现了强势逆转，在旗舰机型“MIX”的带领下，实现了营收突破千亿元的目标。即使经历着动荡的发展过程，依然有庞大数量的顾客对小米不离不弃，并且对经历风雨洗礼后的小米的依赖日益增强，这体现的是小米踏实做事的一面。

自小米成立以来，雷军便围绕“更踏实地发展”，进行了战略和执行两个层面的严谨思考。从战略层面考虑，雷军认为小米要做的是品牌，而不是代工。他坚信“品质是小米的生命线，只有高品质才能赢得市场”，并且认为“中国制造要想进一步发展，还需要发展软实力。软实力主要是设计能力和改善顾客体验的能力。只有把设计做好了，中国品牌才有机会在全球越做越好”。为了将品质打造到极致，小米坚持技术创新。人才是技术创新的基础，小米不惜代价聘请各个领域的优秀人才，组建顶尖人才团队。小米将专注灌输到产品生产的每个环节，使用最新的技术工艺和材料，将产品做得精细，并且寻找世界级的高端供应链伙伴，把极致产品输出。此外，小米专门成立了质量管理委员会，雷军亲自担任质量管理委员会的主席，不惜一切代价强化产品质量，为小米的高品质保驾护航。在未来，小米必将面对更残酷的竞争和挑战，但是雷军坚持“小米就应该踏踏实实做感动人心的产品，然后感动从一个人一个人开始，并且要有耐心”，他认为“做品牌要是没有耐心，做起来容易，输起来也容易”。

从执行层面而言，为了更好地提升顾客体验，雷军对小米的业务进行分析后认为：“就电商而言，我们现在已经是手机电商之王。但是就算小米手机电商占市场份额的 50%，目前线下渠道依然很强大，电商还解决不了所有问题，这是下一步发展需要的基本功。”小米在坚守线上渠道的同时，不断下沉渠道，通过铺设线下渠道——小米之家——进一步提升线下的影响力，实现线上线下的联动发展。2015 年 5 月，小米首次尝试将小米 Note 顶配版进行线下销售，并由此开始了逐渐深入的线下营销之路。同年 9 月，小米之家的首家商城店在北京开业，并开始在全国进行扩张。截至 2017 年 8 月 28 日，小米之家在全国的门店数量已经超过 200 家，累计客流量 1570 万人次，消费者满意度达到 94.75%，单店月均流水 519 万元，年坪效 27 万元，达到世界第二。

雷军多次公开表示：“少做一点事情，把这些事情做到极致，就是最好的策略。当你要做的事情更少的时候，你才真正有更多的精力把它做好。”小米发展方式的魅力就在于整个组织共同专注、踏实做事，他们可以整合合作者把力量集中在一起做复杂的事，也可以专注完成一件很简单的事，把一件事做得更精致、更有效率；而在顾客层面，小米表现出来的就是可以提供更极致的出众产品，最终推动整个社会提高效率和提升价值。

从反向角度看，一个不能踏实做事的组织，呈现给顾客的是急功近利和投机取巧，这样的组织是无法真正得到顾客信任的，更不会获得顾客的长久支持。没有顾客基础的组织不管已经做到多大的规模，终究还是脆弱的。所以，如果组织的每个成员注重自己的行为细节，这个组织自然会表现出更强的职业感与专业性，并将直接影响到整个组织的执行力和效率。对于共生型组织而言，“如何更好地满足顾客需求”是组织成员思考的所有问题的根本和核心，也是踏实、专注、心无旁骛地工作的根本，这除了是职业性的要求，还是信仰体系的结果。踏实做事是一个可持续的组织体系的基础，认真者、踏实者会有更多且更大的生存发展机会。

第二部分

共生型组织的四重境界

你所采取的观点将深刻影响你所过的生活。

——卡罗尔·德韦克（Carol Dweck）

第六章
四重境界的内涵

摈弃我们的偏见，从来不算为时过晚。

——梭罗

（Thoreau）

第一重境界：共生信仰

共生信仰意指拥有确信的力量，笃定商业文明及驱动人类进步的价值。

人们对合作产生疑虑的原因，往往都是和不够确信有关，一方面是人们对自己不够自信，另一方面也无法承受不确定性带来的后果。所以，虽然人们认知到组织无法独立存在，更加无法应对巨大的环境变化，但是还是很难坦然地与别人合作。相反，如果知道自己的命运与其他成员休戚相关，确信商业文明本身，确信彼此拥有相同的价值观，我们就会不断地努力学习和应变并开放自己。因此，当我们对自己的行动有真正的责任感时，合作的效果也会最快达成。这就是为什么共生型组织以“共生信仰”为首要选择；拥有共同的价值观可以自主驱动组织成员有相同的价值判断，拥有共同的语境以及行为选择。

拥有“共生信仰”的组织有三项难题：第一项是组织开放度。大部分情况下组织都会有本位主义，都会习惯性地守护组织的边界，一些组织成员会担心自己的利益受到损伤。第二项是组织间如何有效沟通以保持协调一致。不同组织成员都是独立存在的，而且共生型组织的前提条件是每个组织成员的独立性，在此基础上，如何设立沟通机制，保持沟通顺畅，是一个需要解决的问题。第三项是组织成员自身的企业文化与共生信仰之间的协同。每一个企业自身的企业文化都有其独特性，而共生信仰则需要保持一致，这就需要组织成员能够把两者有机结合并产生内在驱动力。

针对这三项难题，我们可以仔细分析得出结论。因为组织绩效的影响因素已经由内部转向外部，所以不开放边界、固守本位是不可能得到绩效的，因此第一项难题并不存在。如果是共生型组织的成员，本身就是命运共同体，协同一致是基本的选择，寻找有效的沟通方式并不是沟通的需要，而是利益最大化的需要，因此也不需要担心如何建立沟通机制的问题。而最后一个难题，取决于组织成员内部核心领导者的认知，因为这是核心领导者分内的职责，相信可以找到解决方法。

第二重境界：顾客主义

不确定环境下，“确定”唯一真实可靠的来源是顾客，顾客成为组织成员间唯一的价值集合点。

对于今天的企业而言，互联网技术带来的开放可能性，使得各种围绕企业的资源都在不断重组和整合之中，甚至我们不能在一个“稳态”中确定自己的选择。大部分情况下，很多企业是在想办法保持自己组织的“确定”，希望以自己的“确定”来面对外部环境的“不确定”。但是，做出这样选择的管理者并不知道“确定”的来源是什么。

第一类企业管理者为了维护企业自己的“稳态”，依然希望沿着自己已拥有的核心能力方向展开；第二类企业管理者则希望能够设定边界和“门槛”来守护自己的“领域”；第三类企业管理者虽然意识到“守”并不是最好的选择，决定开放自己去合作，但是依然按照自己的习惯和惯性去选择自认为“舒适”的合作者。这三类企业管理者的选择，也许可以让他们各自的企业有一段时间的“稳态”，但是都无法为其带来根本的解决之道。

“确定”唯一真实可靠的来源是顾客，这也是我们把“顾客主义”作为共生型组织的第二重境界的原因。“顾客主义”是指真正以顾客价值为中心，顾客成为组织成员间唯一的价值集合点。“顾客主义”是一种组织成员之间价值取向的结果检验标准，是一个组织成员合作的过程、一种持久的要求和修炼。

当我们研究共生型组织的时候，让我们感到欣喜的是，共生型组织成员之间很默契地达成一致，类似于“盟约”（covenant）关系，有时候我们的脑海里甚至会闪过“古老城邦誓盟”的画面。彼得·圣吉在《第五项修炼》一书中阐述过“盟约”与传统“契约”（以一天的劳力交换一天的报酬）的不同。他写道：“契约是一项关系的小部分，一个完整的关系需要一项盟约。盟约关系建立在对价值、目标、重大议题，以及管理过程的共同的誓愿上面。”“盟约”的关系也许可以借用到这里，其中共同的誓言是：为顾客创造价值！

第三重境界：技术穿透

技术总会在不经意间改变一切，我们总是低估技术改变微小时所积累的能量，我们也总是不能恰当地理解技术作为一种组织语言，是能够高效集合无数成员从而成为“大系统”的。

技术一直都在推进人类进步，并不断改变着人们的生活方式。而今天技术之所以被看成是一个如此巨大的力量，是因为技术创新以及技术创新的普及速度所带来的深刻影响，已经渗透到人类生活的各个领域，甚至影响到人类赖以生存的自然界。人们明确地认知到，企业能否获得先发优势，在一个巨变的时代会显得非常重要。同样，人们也明确认知到，企业获得先发优势，在很大程度上取决于技术与市场的变化速度，也就是新产品的技术开发速度以及该产品在市场中成长的速度，这是过去市场中“先发者”企业所具有的共同特征，所以就有了互联网时代两个有意思的情形：一个是被称为“独角兽”的倍速增长企业，另一个是“赢者通吃”的市场领先者。

我们回看过去取得领先地位的公司，除了拥有作为领先企业的要素之外，还取决于两个关键影响因素，一个是技术进步的速度，另一个是市场成长的速度。那些获得领先优势的公司都是有能力组合这两个影响因素的。但问题也恰恰来自这里，因为今天影响市场成长速度的核心要素也是技术本身。换个角度说，技术，尤其是互联网技术正在生成一个巨大的“市场”，而且因互联网技术组合而成的“市场”成长速度，比如网民的增长速度、在线市场规模的增长速度，已经远远快于市场本身的自然增长速度。从这个意义上讲，技术进步本身的速度已经带来巨大的变化，而因技术所形成的市场成长速度更加聚合了这种变化，让变化显得更加巨大与复杂，所以很多曾经领先的公司不再具有领先的优势，甚至曾经辉煌的公司变得暗淡无光。

我们再来观察今天取得领先地位的公司，它们无不是融合了互联网技术、数字技术或者智能技术。这些企业还有一个更加令人瞩目的特征，那就是围绕着公司能够创造顾客价值的方向，沿着提供顾客极致体验的方向，展开更广泛的链接和集合。它们都在构建一个不断开放边界的“生态系”，我们把这些企业称为“平台型企业”。这些可扩展的平台，把数以万计的不同企业和创新团队集合在一起，构建了持续不断的创新输出，也因此把顾客与平台黏合在一起，形成了更具深度的顾客互动以及价值创造，它们今天的成长速度以及淘汰其他企业的速度前所未有，因为它们的介入，很多领域和行业都在被重新定义之中。

我们关注到，这些企业快速成长是源于它们可以提供一套让更多企业成长的解决方案，而这套行之有效的解决方案，正是技术在其中发挥作用。在共同的技术平台与标准之下，组织成员之间能够形成一致的行为准则、沟通语境以及价值判断；能够快速地分享信息，协同创新以及优势互补，最后赢得一个与之前完全不同的成长效率。

我们把这套解决方案称为“技术穿透”。实现技术穿透，需要组织中的每个成员突破三个障碍：第一，愿意放弃自己固有的优势和行为习惯；第二，拥有开放学习的心态和行动；第三，在技术框架下展开沟通、信息共享以及培训学习。

第四重境界：“无我”领导

成就他人在这里不是理念而是行动，如何更广泛地集合价值创造是对领导者的核心要求。

我在《激活组织》一书中对领导者的新角色做了描述，那就是领导者是一个“布道者”、“设计者”以及“伙伴”。这三个全新的角色是在组织内部对企业领导者提出的要求。在共生型组织中，领导者的角色需要从内部转移到外部，需要以更大的努力来构建生态系统，形成更广泛的价值创造集合。所以，除了在组织内部要转换的角色之外，挑战更大的是要在组织外部，与不同的共生体成员达成共识并创造价值，这就需要领导者再次做出转变，这个转变的核心是“无我”。

在共生型组织之中，领导是牵引陪伴、协同管理和协助赋能的过程。共生型组织的领导者们负责建立一种组织网络，能够让其他成员不断了解组织与环境间的复杂性，了解各组织成员彼此的价值判断与价值协同，了解各组织成员间协同工作的标准、流程以及共生文化的取向，保持有效的沟通，以达成持续改善、共同为顾客创造价值的成效。也就是说，领导者要对共生型组织成员的价值成长负责，而不仅仅是对自己所在的组织价值负责，这也是“无我”的内在意义。

共生型组织领导者的牵引陪伴的角色，就是要帮助自己所在组织的内部成员理解共生型组织所需要的行为准则、发展方向以及可能出现的冲突管理，以帮助自己所在组织的价值判断能够与共生型组织保持一致。共生型组织领导者的协同管理的角色，就是要整合所有成员共同工作，使各组织成员在协同工作上有所突破，各组织成员通过协同工作所获得的综效更高。共生型组织领导者的协助赋能的角色，就是要领导者能够协助其他组织开展工作，赋能者就是要帮助各组织成员培养对于共生系统的了解能力，彼此加持共享成长。

能将牵引陪伴、协同管理和协助赋能三个角色都扮演好的领导者，才能被称为共生型组织的领导者，这样的领导者以“无我”打造组织大系统的协同价值环境，并为每一个组织成员赋能。“无我”的领导力由坚持共同价值、协同工作、有效沟通构成，领导者借此创造并管理共生型组织的整个大系统效率。

第七章 共生信仰

社会的进程只能因观念的改变而改变。

——**弗里德希里·哈耶克**

（Friedrich August von Hayek）

有这样一棵树，阳光是顾客需求，雨露是智慧和美，大家希望在顶端看到它持续生长出优秀产品。那么，是什么让这棵树年年结出硕果呢？这就延伸到另一个问题，即有哪些产品、服务或者品牌会给消费者留下信仰的触动，是三星还是海尔，华为还是中兴，平安还是人寿，联想还是IBM，奥迪、宝马还是比亚迪、奇瑞？如果消费者能够很快地在这些对比中感受到企业之间的某种不同，那么商业信仰便在其中了，确切地讲就是那棵树的土壤。事实上，一个企业在成立之初，就已经在不同气质的土壤中孕育和诞生了，与其说是树选择了特定的土壤，不如说是土壤造就了不同的树。

之所以选择用“土壤”表达组织信仰，是因为作为企业核心的组织信仰，既不是社会责任，也不是创始人形象，更不是行业趋势，这些只是表象。组织信仰更像是气息、血液或者灵魂，是无法物化的。

我们的研究涉及不同行业的不同组织，它们之中有曾经辉煌或者仍然领先的，当然也有呈现疲态或者正走向“死亡”的。为了更清晰地表达组织信仰的含义，研究结果以柯达为例进行阐述。1880 年，担任银行职员的乔治·伊士曼（George Eastman）开始利用自己发明的专利技术批量生产摄影干版，这便是伊士曼柯达公司的前身。1883 年伊士曼发明了胶卷，使得摄影行业发生了革命性的变化。1888 年柯达推出照相机，奠定了摄影大众化的基础。1889 年伊士曼摄影材料有限公司于伦敦成立。1891 年伊士曼在伦敦附近的哈罗建造了一座感光材料工厂。1900 年柯达的销售网络已经遍布法国、德国、意大利和其他欧洲国家。1921 年柯达进入中国，发展到 2002 年，柯达彩印店已多达 8000 多家，店铺数量是肯德基的 10 倍，更是麦当劳的 18 倍。1966 年，柯达海外销售额已经高达 21.5 亿美元，成为感光界的霸主，当时位于感光界第二位的爱克发（AGFA）销量仅及它的六分之一。

由此看来，伊士曼的发展过程所呈现出的组织信仰可以表述为“迷恋于自身的专业领域”，这其中的部分原因是柯达的决策层都是传统理工科出身，尤其以化学学科的居多。他们对化学有很深的迷恋，甚至专门在柯达公司总部大楼内安设了一座小型的核反应堆。但是，这些理工科背景的高层管理者却一而再再而三地忽视了替代技术的持续开发。早在 1912 年，柯达就成立了美国最早的工业研究实验室之一，并在 1900 年到 1999 年间获得了近两万项专利，但是柯达却无法把创新技术转化为可持续发展的商业模式，正如《大西洋月刊》所评价的：“柯达善于发明，却不善于将这些发明转化为商业利润。”让柯达进一步沦落的是，1975 年柯达实验室就研发出世界上第一台数码相机，却不敢贸然进入尚属未知的数码市场，由此给了竞争对手逆袭的机会。当竞争对手在数码市场狂奔的时候，柯达仍在徘徊踌躇。

毫无疑问，柯达的土壤里专业气质十分浓厚，但是它忽视了新生活方式里影像行业的变化。数字成像技术的迅猛发展对传统成像技术造成了极大的挑战，传统成像技术成本高昂、设备笨重以及不能永久保存的弊端越发明显，在数字呈现技术的冲击下，柯达束手无策，最终如作家章诒和所讲，柯达“像一个壮汉猝死，像一个勇士牺牲”。

从对柯达的研究结果不难看出，组织信仰表达着组织在成长过程中的内涵。一个未经历成长的组织往往更多地纠结于市场机会，自然无从谈起商业信仰。对一棵树而言，经历春夏秋冬算一个成长周期，大自然的新陈代谢不断地丰富着土壤，土壤赋予树的生长能力开始慢慢地表现出来。

一个有雄心壮志的组织即使能获得商业成就，也只是实现了一半的商业文明，因为如果没有共生信仰，组织就只能关注自身的发展，只能重复自商业文明中获取的价值这一部分，而无力建立起一个可在未来持续发展的商业世界。共生型组织拥有明确而坚定的共生信仰，这份信仰既有让组织一路向前的坚定，也有协同其他组织共同发展的热情，它是非常朴实而又符合自然法则的。

研究表明，共生型组织所认知的自然法则，就是爱、尊重与和谐。拥有自然法则的组织一定是具备“自我约束”、“中和利他”以及“致力生长”特质的，三者共同发挥效力，使组织具有了持续发展的内在价值驱动力。

在对共生信仰的研究过程中，我们选择以苹果、华为、中国平安等公司为例做以下分析，因为这些企业既是技术文明发展的结果，也是共生信仰之自然法则的代表。仔细探究每家公司的每个环节，就会发现它们的领导者在早期就已经把共生信仰的“自我约束、中和利他、致力生长”三个元素有效地组合到了一起。

自我约束

“自我约束”是共生信仰的重要维度，代表的是共生型组织有意识地控制自己以及有原则地对待事物。由于“自我约束”直接表达了组织对待各类问题的原则，因此它也是共生型组织运作的基本理念。

乔布斯对细节的几乎不近情理的追求是苹果公司领导团队“自我

约束”的风格体现。乔布斯在斯坦福大学2005年毕业典礼演讲时，谈到人生中最美好的一段经历：“从苹果公司被炒是我这辈子发生的最棒的事情，因为，作为一个成功者的负重感被作为一个创业者的轻松感所重新代替，这让我觉得如此自由，仿佛进入了我生命中最有创造力的一个阶段。”[16] 20世纪90年代后期，苹果公司连年经营不善，在Windows强大的发展势头下，苹果电脑的市场份额一落千丈，几乎处于败落的边缘。迫于市场的压力，苹果这家创新型的高科技公司逐渐将战略转为跟随，慢慢丧失了引领性和自主性。1997年，乔布斯把“创业者的轻松感”带回了他曾经创立又被驱逐出的公司，希望重新振兴它。为了让员工从产品本身提高自信心，乔布斯重返苹果做的第一件事便是重新梳理产品线。他为苹果定下了规则——与众不同才是好的，并提出“非同凡想”（Think Different）的产品评判标准。在新的标准下，乔布斯带领员工逐个评估苹果公司正在进行的项目，在实施一系列貌似冷酷的摒弃计划后，最终从近百个项目中选择了“与众不同”的10个，并推出了两款重磅产品——设计独特、出众易用的iMac和承载着“口袋里有1000首歌曲”承诺的iPod。乔布斯带领团队着力打造最倾向于消费市场的项目，重新激发了组织的生长力。

乔布斯认为，“这辈子没法做太多事情，所以每件事情都要做到精妙绝伦”。为了把事情做得精妙绝伦，乔布斯对细节的追求甚至达到了“近乎变态”的境界。在Mac OS人机界面的设计过程中，柯戴尔·瑞茨拉夫（Cordell Ratzlaff）带领的设计团队需要定期向乔布斯展示最新的设计方案。在汇报的过程中，乔布斯会深入每个细节进行详细了解，就如瑞茨拉夫所讲："乔布斯会一直深入每个细节里去，详细勘察每一方面到像素的级别。他可以一个像素一个像素进行对比，来看看是否匹配。"每次展示之后乔布斯都会提出改善意见，设计团队根据这些意见再不断地修改，直到乔布斯满意为止。乔布斯对细节追求的作风，不但影响了他人，打造了一个全体注重细节的团队，而且激励了员工，让他们可以创造出超越自己能力的成果。

此外，苹果公司对简洁的专注也是"自我约束"风格的淋漓体现。乔布斯曾经如此评价自己："我有这样一句魔咒——专注与简单。简单之所以比复杂更难，是因为你必须努力地清空你的大脑，让它变得简单。但这种努力最终被证实为有价值，因为你一旦进入那个境界，便可以撼动大山。"乔布斯对简洁的近乎偏执的追求，实质是对顾客体验的极致化。摒弃了传统手机复杂的按键，iPhone 和 iPad 开创性地只保存了一个 Home 键，但它已经足以帮助用户完成所有操作，这便是乔布斯追求简洁的最好体现。从此，极简主义成为苹果产品的核心以及苹果未来发展的基础。如今，乔纳森·伊夫（Jonathan Ive）领导的苹果设计团队更是让简洁成为所有苹果产品的通用语言。为了更多地考量用户在使用电脑时的安全和便捷，乔纳森带领团队研发的明星产品 iMac 无论在体积还是造型方面都做了简化，而且巧妙地保持了苹果产品和其他产品的差异化，让 iMac 有着极高的美观度和实用度。因此，从一定程度而言，正是乔布斯对自我的约束，才使苹果的产品赏心悦目，深受消费者的青睐甚至追捧。

在技术高速发展的时期，组织的关注点容易集中于外部变化而忽略自我约束，这是很多组织难以避免又必须克服的盲点，而出现这个盲点的根本原因在于组织对整体信仰的缺失。共生信仰不仅是组织自身的信奉和追随，更应该成为组织所覆盖的所有成员的准则和标准。仍以华为为例，通过它的信仰体系不断完善的过程，看看“自我约束”是如何推动华为成为全球信息和通信技术行业的先锋者的。

华为信仰体系的基石是企业文化所产生的观念性力量，即传播知识与思想的力量，这是一种容易获得一致拥护的路径。华为在企业文化方面是强势的，它一直在强调，世界上的一切资源都是会枯竭的，唯有文化生生不息，华为的企业文化体系是推动华为打造全球竞争优势的重要因素。更深入的研究发现，华为的文化体系来源于华为的基本法以及华为内部一系列的文件和规范，而所有这些最终来自任正非的“思想云”和“思想雨”。任正非认为自己“20 年主要是务虚，务虚占七成，务实占三成”，并且将自己的角色定位于学习、思考、交流和传播，这也正是任正非与华为的“自我约束”能力。

为了将企业文化落实到行动中，华为在传播知识和思想方面别具匠心。首先，任正非把军队管理中的“书记式”思想交流，沿用到企业管理之中，使得华为的管理文化一步一步趋向民主化和科学化。华为每周开一次部门的思想交流会，交流会上大家不分工作级别，不分工作年限，只要有好的建议，都可以畅所欲言。2004 年，华为高层确定了“干部任用实行一票否决制”；2009 年之后，又进一步实行“三权分立制”，即用人部门的实体企业行政管理团队有干部建议权和建议否决权，上级部门的实体企业行政管理团队有评议权和审核权，党委有否决权和弹劾权，三权认定之后，必须在公司网站公示 15 天，最后才能正式任命。这两种极其普通而简单的做法，意味着华为“把权力关进笼子里”，营造了一种对正确问题的民主讨论环境，员工随时可以接受从上至下的统一思想传播，同时他们也有非常宽敞的渠道可以从下至上地反映问题，并提出解决方法。

其次，研究认为华为信仰体系的执行渠道是股权分配带来的功利权力。在股权分配方面，华为管理层为员工设计的价值实现和价值分配体系十分出色，在中国当前的环境下几乎至臻完美。任正非股份占比 1.42%，是华为个人第一大股东，其余的 98.58% 为员工持有。截至 2011 年年底，在华为 14.6 万多名员工中，有 65596 名员工持有公司股份。[17] 这恐怕是全球未上市企业中股权最为分散、员工持股人数最多的一家公司，在这背后，不仅是领导者难得的胸怀，更是全体成员的信任和付出。“以奋斗者为本”是华为核心价值观的一部分，这不单纯是一句口号，更不是书面上的价值观，而是切实的奋斗者创造价值，并实现价值共享。华为内部对奋斗有明确的定义，任正非表示：“什么叫奋斗？为客户创造价值的任何微小活动，以及在劳动的准备过程中，为充实提高自己而做的努力，都叫奋斗。我们把煤炭洗得白白的，但对客户没产生价值，再辛苦也不叫奋斗。”①

华为信仰体系中的另一个要素，也是一般企业难以实现的要素，便是企业外部成员不约而同对华为产生的集体信念，每个人都自觉地约束自己成为集体信念的一个践行者。华为坚信，一个人不管如何努

---

① 任正非与肯尼亚代表处员工座谈纪要，2008 年。

力，永远也赶不上时代的步伐，更何况在知识爆炸的时代，只有企业中的数十人、数百人、数千人一同奋斗，才能“摸到时代的脚”。同时，华为也意识到当企业和员工在一致对外开拓时，大多数员工都是积极的，但在事关自身利益时，大多数员工会选择个人利益，这种情况下，如何让大多数员工选择整体利益便是华为的核心。出于对企业力量的全面理解，华为给华为人赋予了公平的利益共享的权利，我们不妨索引《华为基本法》“利益”条目下的第五条，“华为主张在用户、员工与合作者之间结成利益共同体。努力探索按生产要素分配的内部动力机制。我们决不让雷锋吃亏，奉献者定当得到合理的回报”。2012 年华为给员工提供了 125 亿元人民币的年终奖项，这样的利益分配无疑确保了华为员工信奉华为的选择，而这种选择的稳定性便成了华为集体信念的一部分。

由此可见，华为的力量来源于企业内外的整体信奉，这也是华为持续发展的动力所在。在未来 3 年、5 年乃至 10 年，由于华为在其内部管理流程、核心技术、市场份额等方面已形成了独特而又难以超越的优势，这个团队便有了很强的凝聚力。正因为如此，在当下所谓“信用大幅缩水、忠诚加速折旧”的时代，18 万华为人依然可以对华为这个商业企业形成持续的、特有的凝聚力和向心力，从印度班加罗尔到英国伦敦再到美国硅谷，从北非利比亚到冰岛格陵兰的全球发展进程中，员工的追求已不仅仅是为了获得工资奖金的回报，他们付出的不只是时间，同时还有自己对华为的信任和坚守，这是一份内在的“自我承诺”。

中和利他

作为共生信仰第二个维度的中和利他，是一个非常基础而又极富内涵的法则。中和利他表达的是共生型组织在管理过程中以整体利益为核心，充分尊重他人，以开发他人的潜能为己任的一种管理模式。此维度围绕员工和顾客展开，不仅涉及对员工和顾客的重视，还包含对生命的充分尊重。

乔布斯极其重视招徕人才汇聚精英，他曾经表示："我过去常常认为一位出色的人才能顶两名平庸的员工，现在我认为能顶 50 名。"因此，组建由一流的设计师、工程师和管理人员构成的团队一直是乔布斯的核心工作，他把大约四分之一的时间都用于招募人才。为了进一步留住精英人才，乔布斯取消了大部分现金奖金，改用股权奖励的方式，并且创新性地推出了很受欢迎的股票购买计划，即员工可以用自己的薪水购买折扣股票，同时确保员工购买股票的价格为购买之日前 6 个月的最低价。这一措施的执行，让员工获得了丰厚的回报，也成为吸引人才的亮点。

此外，在产品研发、顾客服务等方面，苹果都一致地表现出对组织成员和顾客的尊重。在"产品跟随"的年代，苹果的多数产品均以技术可行性为前提进行研发。技术为主、产品为辅的方法使产品的开发难度得到下降，开发的时效性得到有效保障，但也严重限制了员工的创造力，造成产品研发和市场需求之间的严重脱节。乔布斯完全推翻了这样的规则，要求以顾客的体验感为主要评判标准开展产品研发和市场改进的工作。与此同时，为了更好地了解顾客，乔布斯要求苹果的团队亲自接触顾客，挖掘顾客需求，而非依靠专业的第三方调查机构，这种改变不仅有利于开发符合市场需求的产品，而且将整个产品研发的中心从技术真正转变为顾客。购买过苹果产品的消费者都会注意到一个很小的细节，即打开苹果产品的包装后，首先展现在面前的一定是产品本身，而绝非复杂的内包装或者厚重的说明书，这个完美呈现产品的细节，表达的正是苹果对产品设计者的尊重和对顾客的利益关怀。

一部 iPad 或者 iPhone，显然不是设计者为了设计而设计的产品，而是饱含苹果公司以及设计者生命元素的作品，即使生命元素可能只是其中一个既小又简单的环节。有个简短的报道这样写道：“近日，美国前总统老布什突然剃了一个光头。他的发言人透露，保安团队一位成员的两岁小孩患上了白血病，在治疗过程中头发掉光了。听说孩子要来，老布什赶紧把头发剃了，其他随从也都剃成了光头。老布什告诉小宝贝，‘我们都是天生光头党，你要好好治疗哦’。”和苹果产品一样，这个看似具有浓厚的美国文化特色的报道，突出的是在尊重生命方面更加实际的内容，表达的是美国特有的真诚和趣致。

乔布斯认为，“苹果生活在一个生态系统中，在这个生态系统中需要相互帮助”。苹果公司与谷歌、耐克、微软等多家组织合作，搭建了包括供应商、生产商以及用户等在内的价值网络，推崇由价值网络带来的合作共赢。在这个多方联合的价值网络中，苹果处于中心位置，不仅保证了对用户体验的有效管理，还带动了合作主体的和谐发展。通过生态系统的运作，苹果公司不仅实现了与其他合作者的利益共享，还丰富了自身的创意与价值。

谈到组织内部的时候，人们一般会考虑到很多经典大企业的困境，高利润的瞬间产生带来大量团队，随着规则被创新，竞争重点随时有可能让利润点转移，一旦发生转移，现有团队的解散和新团队的组成能力就成为企业成败的关键。此时，企业是否能遵循变化趋势及时进行改变，大企业的“活力”能否及时转型并产生新的强大的盈利能力，是经久不衰的问题。今天，除了组织内部这样的难题之外，还有组织间所产生的利益冲突，环境巨变以及不确定性带来的波动，组织内外的动荡，更需要根本的解决之道，让组织在动荡中找到自己的位置，形成一个动静之间平衡的成长环境，这个环境被称为组织的“生态环境”。“中和利他”就是形成这种生态环境的根本信仰维度。

致力生长

致力生长是一个非常基础但又容易忽视的法则，因为在竞争日益胶着的时代，虽然保持生长是每个组织必须全力以赴的选择，但是组织常常会陷入既有的安全区，偏执地追求短期利润而逐渐丧失长久发展的能力。

在 30 年的研究过程中，我们的团队对多家组织的数据进行汇总和分析，最终看到了这样一个事实：在组织发展的过程中，团队可以逐渐增大，顾客和供应商可以无限增多，技术可以无穷提升，业务可以更加多元，但是在这些增长的背后是共生信仰带领下的组织成长力的增强。共生型组织对生长的追求不是通过喊口号，而是通过产品和事实将生长的逻辑和行为输入组织的血液中，让组织保有克服一切困难一路向前的热情和冲劲。研究进一步表明，在具备可持续发展能力的商业模式的基础上，各方形成集体信念，共同构成共生型组织成长力的核心。

生生不息的商业模式——成长的基础

商业模式指的是组织通过何种途径或方式获得利润。确切地讲，商业模式描绘了组织可以满足的顾客价值主张，以及组织的成本模型、盈利模型、供应链管理和组织核心能力是否可以持续的要素。商业模式带给组织的并非如何通过产品盈利这么简单，更多的是如何用持续的价值对不同环境下的组织行为进行定位、判断和调整。由于如今已经是一个商业模式积聚的时代，商业模式很容易相互学习并且触类旁通地产生超越。

共生型组织的生长发展，源于它对商业模式的不断创新和对集体信念的持续追求，并始终将共生信仰作为自身的奋斗准则。商业模式是第一要素，组织只有具备了积极调整商业模式的能力，才能深刻地体现商业的真正意义。无论是小公司还是大公司，组织生来就是让世界变得更美好，哪怕单个公司做出的努力只是让世界改变了一点点，它也因此具有了存在和发展的基础，商业模式便是这个基础。

德鲁克曾经提到，“通用汽车总裁小阿尔弗雷德·斯隆（Alfred Sloan）不止一次地讲，他是如何一遍又一遍地研读美国宪法，以便为通用汽车以及所有大公司制定出管理组织和管理思想”。从中不难看出，好的商业模式一定不是凭空而来，而是不断试错、不断积累、不断完善的结果。生生不息的商业模式，不仅代表了组织在成立初期的商业模式，更是在不断调整的过程中产生的改进乃至变革，这个过程甚至需要几代人的不断努力和坚持。

把研究跨度放得更宽一些，就能看到商业模式与组织持续的发展力之间的关系。不妨选用中国平安为样本，探究这家诞生于 1988 年的组织如何历经 30 年的磨砺依然生机盎然。2017 年 11 月 28 日，“2016—2017 年度中国最受尊敬企业”结果揭晓，中国平安作为国内金融业的典范，凭借 30 年来杰出的经营业绩、经营模式和服务理念的创新、社会责任的深切履行、前瞻性的科技布局，以及对中国金融业改革发展、机构创新做出的重大贡献，再度上榜，并成为该榜单上唯一连续 16 年获此殊荣的企业。目前，中国平安已经拥有超过 160 万名员工和寿险销售人员，并在 2017 年实现了 9745.7 亿元的收入，同比增长高达 25.83%，净利润高达 890.9 亿元，不仅引领了整个保险行业甚至金融业的发展前沿方向，还用持续的增长证明了“大象也能跳舞”。

中国平安坚持“专业创造价值”的品牌定位，尤其是在“综合金融 +”和“互联网 +”的新时代，把实现“专业，让生活更简单”的客户体验作为自身的发展理念。这不仅是一个理念，更是客户对中国平安的共同感受。同时，中国平安以“成为国际领先的个人金融生活服务提供商”为愿景，通过企业社会责任，实现为客户、员工、股东和社会创造最大化的价值。回顾中国平安近30年的发展过程可以看到，这个过程是中国平安吸引顾客，同时也是顾客追随中国平安的过程；是中国平安吸引合作伙伴，同时也是合作伙伴追随中国平安的过程。为了吸引顾客和合作伙伴，提升顾客和合作伙伴的体验，中国平安推出了一系列的举措，这些举措进一步让更多顾客和合作伙伴对中国平安产生了好感和依赖感。

本质上讲，中国平安的产品本身也是其建立顾客信仰的里程碑。2014年12月，平安人寿在业内首次推出柜面客户预约服务，客户只需要登录平安人寿官网或者平安集团一账通平台，找到“预约亲临柜面”选项，就可以完成线上预约的操作，预约成功后，客户凭借预约号，便可以到网点优先办理业务。在预约之下，客户不但可以灵活地安排自己的时间，而且极大地节省了办理业务的等待时间。

为了进一步贯彻“客户体验”的理念，中国平安把视角放在了备受关注的农民工身上。数据显示，截至2016年，全国农民工总数已达到3亿，2014年外出农民工月均收入为2864元。到2020年，常住人口城镇化率将达60%左右，将实现1亿农业转移人口和其他常住人口在城镇落户。在城镇安家是他们未来的归宿，但是没有固定的收入、难以享受银行抵押贷款、农民的宅基地和小产权房难以抵押等问题，使农民工买房成了“可遇而不可求”的事情。为了让农民工买得起房，2016年2月，平安好房启动全国首个“农民工购房节”。活动精选了全国超过100个楼盘，覆盖重庆、成都、郑州、西安、长沙、沈阳、苏州及其周边的二三线城市，且房源总价控制在100万元以内，主打总价50万元左右的新房。农民工购房除了可以享受当地政府提供的优惠措施和开发商折扣外，还可以通过平安好房享受在指定楼盘购房获赠的最高1万元的购房红包，累计红包补贴达到1亿元。此外，除了房价补贴，针对农民工购房贷款难的问题，平安好房专门为农民工定制了免息、无抵押的贷款产品，契税分期支付等服务，为农民工购房提供全面金融支持。中国平安坚持以客户体验提升为目标，聚焦客户日常生活、聚焦客户关键痛点、聚焦客户互动服务，为客户持续打造触动人心的优质服务。

总之，只有商业模式具备生生不息的可能性，组织才能更好地度过发展过程中难以避免的茫然期。共生信仰可以让组织经受各种经济环境的考验，重新获得日益失去的创新能力，可以帮助组织避免商业模式准备不充分就仓促上阵的慌乱，甚至可以用一种完美主义的操作流程满足顾客的需求。

共同的信仰和奋斗——生长的催化剂

在持续的研究过程中，团队不断地观察大量组织的发展过程，分析组织在规模由小到大的过程中使命是否产生偏差，管理架构是否出现失控，是否建立了最合适的领导者后续机制，以及是否存在更合理的销售与供应的策略等一系列问题。最终的研究结果表明，如果组织在树立标杆时参考的只是本行业的直接竞争对手，就会严重限制思考问题的广度，导致最终的解决方案只能停留在微观层面，所做出的改进也只能是微观层面的改进，而无法做出本质的改变和长久的提升。因此，商业模式更是一个表达组织满足顾客需求的系统，这个系统整合了组织的各种资源，向顾客提供他们无法自力满足而又必需的产品和服务；而且这个系统必须是独一无二的，必须具有组织可以自行复制但不能被其他组织复制的特性，才能保证组织的持续发展。

与此同时，研究发现，即使已经达到一定规模，即使在一定阶段内已经具备商业盈利的持续能力，组织仍然可能会慌乱或茫然。从思科、谷歌、高通，到华为、腾讯、联想，从摩托罗拉、诺基亚，到苹果、微软，既可以看到一些好产品、好公司在衰退，也可以看到新产品、新公司在上升，此消彼长的变化展现了各个组织之间的竞争和市场格局的变化。与此同时，越来越多的大公司以拼命占领更多的市场和机会开始，随后又不断地将过去的收购、兼并、投资结果以昂贵的代价抛弃，呈现给外界的是一种“慌乱”，因茫然而慌乱。

具有悲情色彩的操作系统 WebOS 带给惠普的是短暂的惊艳。2010 年，惠普以 12 亿美元收购美国智能手机制造商 Palm，WebOS 一并转入惠普之下。WebOS 承载了惠普独立门户的野心，惠普大力将其投入手机、打印机甚至个人电脑的应用中。但是次年 2 月，惠普发布的搭载了 WebOS 的 Veer、Pre3 智能手机和 TouchPad 平板电脑却销量平平，最终惨淡收场。半年后，惠普决定停止研发象征着进入未来移动互联领域竞争的 WebOS，并在 2014 年 10 月宣布，于 2015

年 1 月正式停止支持 WebOS 设备云服务，这意味着惠普给已停止研发的 WebOS 系统最后一击，早在三年前就处于“植物人”状态的 WebOS 被宣判“正式死亡”，最终 WebOS 还是没能实现惠普的野心。惠普专注于能够带来更多利润的企业级信息服务，这无可厚非，但是战略上的摇摆不定，让外界看到的是“慌乱”的惠普。造成这种“慌乱”状态的原因，是组织自身的封闭和对环境变化的迟钝，是集体创新能力的缺失，以及热情、活力和好奇心的衰弱。

因而，商业模式是组织的首要但并非唯一的要素，优秀的产品和服务都有一个共同点，就是组织都有足够坚定的信仰。组织设计的意图和构思以及最终的落实执行，都需要有一种力量保持机体对外部刺激的敏感性，更需要有一种力量保持机体对内不断地孕育能量，而这种力量正是集体的信念——信仰。换言之，组织成员可以多元，外部环境可以多变，但让组织大系统始终保持一致前进方向的是信仰之下的价值观所产生的强大凝聚力。这个信仰既有提供美好产品和服务从而让世界更美好的坚持，也有做得更加精致、把一切推向极致的完美主义理想。这在共生型组织中，尤为重要。

共生型组织拥有的信仰，是建立在崭新的创意、热情的创业者、改变世界的冲动以及创新的精神之上的对商业文明笃定的信仰，它们共同撑起共生型组织对商业的理解和认同，也时刻传达着共生型组织的价值观。一个表现优秀的组织不可能从始至终都在一帆风顺的环境中成长，它可能会经历外部环境的剧烈动荡，也可能会面临自身战略的失误；它要面对消费者的爱好和习惯的变迁，也要面对技术和创新带来的新机会，当然，这些机会有可能是组织自己创造的，也有可能是其他组织带来的，但核心在于，组织是否有值得被视为信仰的本质。一旦共生信仰缺失或者薄弱，组织将失去创新，丧失市场敏锐感，甚至失去发展的方向。

技术发展得越快的行业，就会抢走越多的创造力的风头，但技术创新毕竟只是组织持续力表现的一部分。在未来，也许会出现技术发展改变人的行为模式的现象，这最终会对传统行业产生影响。然而，一个组织的持续力，归根结底是信任和信仰的问题，在特有组织形态的基础上，各方形成的信任和信仰正是共生型组织的灵魂。尤其当组织信仰不仅受到组织的成员，更受到顾客、合作伙伴的共同信赖和信奉的时候，共生信仰就成了组织持续成长的催化剂。

在跨界和技术革命日益剧烈的时代，组织已经无法获得坚不可摧的核心竞争力，当组织面临市场失利或者发展进程逆势的时候，共生信仰就是集体价值的关键所在。秉承共同信念的力量，借助组织生态系的协同效率，组织才会很好地度过这些难以避免的发展逆境期。同时需要注意的是，在过去的几十年中，中国的大部分市场呈现出良好的发展态势，既然市场本身已经足够好，大多数中国企业便缺乏了为企业和品牌建立共生信仰的意愿和动力，企业管理者在关注信仰部分所投放的精力也不足。然而，即使企业借市场高速发展之利可以完成从小企业到大企业的发展蜕变，但如果没有企业内外部共同的信念，接下来难免会沦为平庸之辈，因为企业持续发展的动力正是来自企业整体拥有的专注坚定的信念和信仰生态。共生信仰的存在，可以让企业在不断增大规模取得成功的过程中保留丰富的资源，并且让企业懂得如何部署这些资源，从而为日后应对多变的市场做好准备。所有的企业都会有生命周期，但是它遵循的、影响的和信奉的商业信仰却能帮助企业给这个世界带来更加积极的影响。

第八章
顾客主义

要从客户体验着手，再返回到技术层面。

——史蒂夫·乔布斯

（Steve Jobs）

从 2017 年开始，我和廖建文教授决定合作研究数字化生存背景下企业管理重构的问题。在合作的研究中，我们认为，在数字化生存的环境下，企业无论是在价值创造还是在价值获取方式上，都发生了根本性的改变，我们称之为“断点”或者一切被重新定义。我们提出需要调整企业的战略认知框架，从原有的认知转换到数字化生存状态下的战略认知。我们表达了两个核心观点：第一，数字化时代带来的冲击不仅是加速度，还是非连续性的断点，随之要求改变整个商业逻辑。第二，商业逻辑的改变需要更新底层的认知框架——从“求赢”的竞争逻辑转变为“寻找生长空间”的共生逻辑。这两个核心观点，亦是需要企业管理者特别注意的变化。二者的差异在于：“求赢”的逻辑是将企业放在中心，考虑如何战胜竞争对手；而“寻找生长空间”的逻辑是将顾客放在中心，寻求与顾客共生的广阔空间。

数字化时代最大的挑战并不是数字技术本身，如果更开放地去想，以及探索其背后真正驱动变化的原因，我们可以这样去理解，数字化时代的最大挑战甚至不是因数字技术而推动的协同共生的商业关系，而是我们必须转换一贯的认知框架，由此发展出一套区别于以往的战略逻辑。

我们把这一套战略逻辑称为“顾客主义”（Customerism）。在这套逻辑中，顾客是企业考虑所有问题的出发点，而不是行业或企业内外部资源，因为，当顾客成为共创主体，改变价值创造和获取的方式后，可能会导致爆发式（而不仅仅是线性）的增长。

顾客主义来临

在持续研究中，我们一起回答了为什么在今天要提“顾客主义”这个关键问题。坚持倡导“顾客主义”，不仅仅是因为这是一个概念，更重要的是，这是数字化生存下的战略底层逻辑，也就是前面所特别强调的：战略需要从“求赢”转向“寻找生长空间”。让我们一起来看看导致这个根本性转变的原因是什么。

第一个原因在于：数字化时代，当一切都变得越来越不确定时，唯一不变的只有顾客。顾客是一个相对而言更“明确”的群体。在工业化时代，战略的基本逻辑是：在相对稳定的环境下，遵循边界清晰的产业条件，找到企业独特的资源以及核心竞争优势，以获得战略上的主动权。正因为如此，我们能够确定增长的方向，并做出有效的判断和预测，同时获得相应的优势。我们判断行业的结构和利润率（外部）、评估企业自身的资源和能力（内部），再将内外部因素进行结合，得出战略选择的空间。企业能够这样做战略选择的前提条件是：行业的边界相对清晰，资源能力相对可靠。但在今天，我们都知道这两个重要的前提条件都不成立了，云服务、大数据、移动设备等打破了许多行业的藩篱。“你的公司在哪个行业？”“你是一家什么样的公司？”已经变成一个个越来越难以回答的问题，边界模糊、角色不清晰、组织柔性已经成为今天那些领先企业的特征。同时，企业内部的资源和能力也显得越来越“被动”，大部分企业都感觉自己跟随变化的速度不够，从而导致“集体焦虑”。当这一切都处于不清晰的状态时，相对而言，顾客反而成了“相对清晰”的那个变量。

第二个原因是：技术让我们可以更加贴近顾客、了解顾客以及满足和创造顾客的需求。在工业化的背景下，顾客与企业之间是一种稳定的关系，企业借助产品与顾客互动，而脱离产品去了解顾客的能力和范围很有限，所以企业必须通过昂贵的用户调研、焦点小组等方式去了解客户的需求。这样的了解方式及工具，得出的结论常常与顾客真正的需求相去甚远。今天，企业与顾客借助互联网技术可以非常便捷地直接对话，很多时候人们浏览页面的动作，也会把自己的需求清晰地呈现出来。这些便捷而有效的技术手段，可以帮助企业更好地把握客户的需求，提高产品与顾客价值之间的精准度。例如，滴滴出行获得的行车记录不仅可以用于优化派单算法，还可以提供给保险公司进行个性化的车险订制；美团的订餐系统可以帮助顾客快速获得需要的最可口的饭菜。借助技术，你会发现，企业对顾客的洞察会越来越精准，使得“顾客主义”在操作层面具备可行性。

可见，在今天的环境下，“顾客逻辑”相对比工业化时代的“资源/产业逻辑”更具有可靠性及操作性，更具有真实的企业意义以及顾客价值创造的可能。顾客主义来临，可以说是时代发展的必然。

组织要想持续发展，需要让自己成为一个真正以顾客价值为导向的组织。持续的研究表明，谷歌、微软、华为、腾讯等企业的共同特点之一，就是每一个品牌都已经成为顾客生活中的一部分，无论顾客在什么地方，无论顾客使用什么样的语言，无论顾客习惯于什么样的文化，这些品牌都不会有任何的障碍。换言之，这些组织已经和顾客之间跨越界限，形成了融合，它们打破了既定行业、市场的界限，从顾客体验的全过程出发，改进不足，让顾客的体验变得更好。

“关注顾客”早在《市场领导者法则》一书中就被明确地表述出来，该书鼓励经理人要“选择顾客、集中焦点、掌握市场”。在时间的证明下，"关注顾客"已经得到全面共识，"全面质量管理"以及"用户满意度"的概念核心便是由此产生，美国著名的马尔科姆·鲍尔德雷治国家品质奖（Malcolm Baldrige National Quality Award）更是此概念的延伸。在新陈代谢极快的互联网时代，实体资产、员工数量、组织结构的复杂程度已经让众多企业无法适应目前和未来的需要，它们试图依靠转型孵化出全新的持续增长业务。但是，不管是战略转型、业务转型还是财务转型，所有的转型都需要回答一个基本性的问题，即转到哪里去。显然，答案是确定且必然的：回归到顾客端。

始终"年轻"的顾客

1951 年爱因斯坦在普林斯顿大学教书的时候，有一次他结束了一场物理专业高级班的考试，在回办公室的路上，他的助理拿着学生的试卷小心地问："博士，您给这个班的学生出的考题与去年一样，您怎么能给同一个班级连续两年出一样的考题呢？"爱因斯坦很平淡地回答道："答案变了。"今天的商业亦是如此。

忠诚的顾客不复存在

传统管理学推崇品牌价值。按照传统理论，随着品牌指数越来越奠定作用，消费者会越来越忠诚。营销界"定位"理论的创建者艾·里斯（Al Rise）和劳拉·里斯（Laura Rise）指出："忠诚度意味着品牌的顾客愿意购买品牌的产品或服务，即使他们能在别处以更低的价格或更高的品质买到同样的产品或服务。长期来看，你的忠诚顾客会成为你的傻瓜顾客。可能会花一些时间，但是当他们发现自己成为傻瓜以后，通常就会出现对抗性的反应。”[18]显然，这种“对抗性的反应”已经发生。

从2009年起，《第一财经周刊》持续开展了每年一度的“金字招牌”调查活动，8年的调查结果呈现的是：“一些知名品牌在评选中位置滑落，同时一批新的品牌悄然崛起，由品牌营销部门主导的话语权已经被消费体验所代替，传统的品牌理念无以为继，某种程度上，年轻的消费者更鲜明地体现出这一点。80后、90后年轻人偏好的品牌包括悦诗风吟、伊蒂之屋和茶π等，吸引他们的是韩流和BigBang等娱乐明星，而非品牌本身。”

在信息不透明的时代，组织拥有绝对的主动权，塑造品牌成为固化市场地位的重要途径，品牌与品质之间存在着紧密的等同关系。随着互联网的普及和数字时代的发展，消费者有了更多的方式和方法了解世界，也有了更多的途径进行消费比较。信息的泛滥直接影响到人们原有的消费理念和消费行为，被众多组织视为命脉的消费者品牌忠诚度逐渐消失，真正对组织产生威胁的不是互联网技术本身，而是新技术赋予消费者空前的话语权。2017年诺贝尔经济学奖获得者理查德·塞勒（Richard Thaler）曾经提到，“人们在日常生活中的一些经济行为，比如储蓄、消费、投资等，从行为经济学角度分析往往自以为理性，然而实际结果表明大部分人都是在凭直觉做决定”。这也意味着决定消费者是否购买的因素可能就是一个细节、一个瞬间，而品牌站在了一个缺乏主动权、不再有光环的舞台上，品牌忠诚度沉淀乏力。

雪上加霜的是，随着移动技术和社交网络的兴起，信息分享越来越便利，交流变得无处不在，人与人之间的距离拉得不能更近，频繁更替的网络挖掘了人类的社交需求，顾客之间的社交已经突破了时空界限，他们在全世界范围内分享着信息和感受。在这样的环境里，组织的角色开始产生质的变化，越庞大的组织、越有影响力的品牌，它们潜在的企业危机就越大。因为在移动互联时代，组织原来的单一产品问题，极有可能被搬上社交网络而被放大成为世界范围的负面焦点，甚至演变成组织致命的祸根。

以三星为例，2016 年 10 月 11 日，三星电子宣布停产并且在中国内地全面召回已发售的 Galaxy Note7，这意味着这款在 8 月 2 日刚上市的口碑极佳的手机，经历了两个月的生存期后生命戛然而止。从诞生初期就承载着“2016 年最好的安卓系统手机”希冀的 Galaxy Note7 一度被称为“机皇”，双侧曲面屏的设计给顾客极强的视觉享受，更强大的边缘防误触机制、更安全的虹膜识别等“黑科技”带来了更舒适的顾客体验。从三星打破自己的命名惯例、打破宣发时间的惯例不难看出，三星对其倾注了心血，意图利用年度旗舰手机正面冲击白热化的智能手机市场。上市初期，押重注推出的 Galaxy Note7 确实不负三星的期望，在全球热销，销售范围跨越 10 个国家和市场，数量高达 250 万部，帮助三星取得了近两年最高的单季营业利润。但是接下来一次又一次的不明爆炸事故，以及随之而来的各大航空公司禁止乘客携带 Galaxy Note7 登机，甚至禁止乘客在飞机上使用所有的三星手机，三星彻底在消费者心中埋下了祸根。在这次“爆炸”事件发酵的过程中，2016 年 9 月 12 日三星电子股价的跌幅达到 7.6%，创下 2012 年 8 月以来最大的盘中跌幅，宣布全面召回 Galaxy Note7 的消息直接导致三星电子的市值在 7 个交易日内缩水了 260 亿美元。

安卓系统的开放市场本身不可忍受任何一个细小的错误，而移动互联网带来的快速的信息传递，又让这样的错误成几何倍数放大，给企业带来了致命的深层次信任危机。Galaxy Note7 爆炸事件发生后，三星区别对待中国消费者的态度进一步“惹怒”了消费者，一系列恶性反应使得三星在中国的市场份额一降再降。对三星而言，Galaxy Note7 爆炸事件造成的不仅是经济收益的损失，更是严重的品牌形象的坍塌和顾客信任度的下降，而在顾客忠诚度不复存在的今天，这恰恰是具有致命影响的损失。Galaxy Note7 将三星推入了火坑，三星从此陷入了长时间的低迷期。

顾客参与价值创造

与以往的获取消息的单一途径不同，顾客开始主动搜索并筛选信息，他们在互联网的帮助下，可以从世界各地获取有关组织、产品、技术、绩效、价格和消费者行动与反应的信息，前所未有的大量信息使得顾客可以直接与商品接触，做出更加精准、更加符合自身需要的产品选择。通过互联网连接在一起的顾客，正在与那些新兴企业一起共同挑战传统产业，从金融业到制造业，从娱乐业到教育产业，无一幸免。传统经营理论认为，任何既定企业或产品都可以单方面地创造价值，并且价值全部存在于企业或者产品与服务中。但在今天，顾客不断参与的过程，给传统经营理论带来了巨大的冲击，全新的消费形态使得这个假设不再成立。

“核心竞争力”理论的创始人普拉哈拉德（Prahalad）曾经这样描述组织与消费者的互动模式：这个模式立足于提高消费者与组织关系的复杂性，提高价值的独特性。从组织与消费者一对一的共同创造体验开始，进入组织消费者社区一对多的共同创造体验的变化和差异性，再到多个组织与多个社区多对多的共同创造体验的个性化，普拉哈拉德把这个模式称为共同创造体验的“连续光谱”。他认为：“在当今的新兴现实中，消费者与企业之间的上述互动模式，将会最终塑造价值创造的过程，挑战现有的价值创造与经营方式。同时，它们也为企业与消费者创造了大量的新机遇。”这就意味着，传统的认知思维方式，即企业独立创造价值已经不再适用，与之相伴的基于企业的顾客分类方法也必须摒弃。企业和顾客不再具有明显的区分和差异，顾客已经越来越多地参与到价值的界定和创造过程之中，这导致价值创造不再发生在市场之外，而是发生在市场之中，也就是企业与顾客在共同创造价值。

价值增长是企业内在能力的增长，事实和数据都证明改革开放40年来，中国企业的发展更多的是由于中国市场需求的持续剧增，是市场容量的自然增长所带来的繁荣，这表明中国企业的发展还需要在打造内在能力方面做出更大的努力，因为今后外部环境所能提供的充裕条件已经不复存在。顾客在追求满足基本需求的时期，是不会要求组织关注个性化需求的；在基础需求得到满足之后，组织是否有能力继续满足顾客个性化或更宽泛的需求，就会反映组织的发展能力。顾客价值创新是价值增长的根本来源，共生型组织是基于明确理解顾客价值需求的增长反馈。

不妨重新看一下谷歌的成长，它有清晰、明确的“整合全球信息，服务所有用户”的企业使命。在使命的指引下，谷歌所有的决策和行为都遵循用户优先的准则，其中非常独特的一点是谷歌的员工也是互联网的用户，工程师在研发产品的同时也能够以最终用户的身份审视和评价产品，从而做到终端用户参与产品的研发过程，并实现在产品生产的全过程中进行跟踪。随着用户黏性的增强和用户数量的增加，谷歌本质上已经成为用户生活的一种方式，它实现了信息的更精准投递，满足了用户的长久期望，更深层程度上让用户感受到更为真切的顾客价值创新带来的变化。

顾客开始更全面地影响组织的决策以及具体行动，这已经成为事实。组织无法再以自身为核心独立地设计产品、开发生产流程、开展营销活动以及控制没有顾客干预的渠道，因为在上述每一个过程中，用户都在慢慢地浸入，并且在其中发挥越来越重要的影响作用。管理学家普拉哈拉德和拉玛斯瓦米（Ramaswmy）曾经预言，“企业未来的竞争将依赖于一种新的价值创造方法，即以个体为中心，由消费者和企业共创价值”。不管是小米的理念共创，还是亚马逊的共同推荐模式，它们的成功实践都在表明这种预言已经成为现实，组织与顾客共同创造价值成为组织参与竞争的必然选择，是组织成长的必由之路，更是组织从低阶段的价值共创向高阶段价值共创迈进的重要一步。

顾客趋于年轻化

中国互联网络信息中心（CNNIC）2018年1月发布的第41次《中国互联网络发展状况统计报告》显示，截至2017年12月中国网民规模达到7.72亿，其中20~29岁的网民以30%的比例成为最庞大的群体，10~39岁的群体占据了整体的73%，年轻顾客正成为互联网的中坚力量。不论是IP（知识产权，Intellectual Property的缩写）开发的风靡，还是二次元文化的普及，都表明年轻顾客已经成为互联网的中流砥柱，他们的消费观念、消费意识、消费权利以及消费话语深受互联网的影响，又在更大程度上深刻影响着整个商业环境。

年轻顾客开始全面接管新的市场，他们作为互联网的原住民，随着互联网的发展而长大，并且呈现出鲜明的特点。年轻顾客崇尚自我，追求与众不同，个性化成为他们追求的特性。他们不喜欢被同质化，注重自我实现和个性的表达。更加明显的是，互联网赋予了年轻顾客更多的选择，可选择的渠道越来越宽，可接受的速度越来越快，可获得的产品越来越多，更快的迭代和更多的选择导致顾客的需求瞬息万变，消费喜好飘忽不定，并且与上一辈消费者不同，他们很难对某一品牌产生长久的忠诚度。他们不会被品牌广告过多牵引，即使企业想方设法将广告柔性地植入各种载体，比如游戏、综艺、电影以及电视剧等，也越来越难达到预期效果。年轻消费者在进行消费选择时，更加忠于自己的喜好，而不再是品牌本身，品牌忠诚度转变成了消费者对自己的忠诚度。这种新型的消费观念在年轻消费群体中表现得越来越突出，并且正在跨越年龄代际逐渐普及。

对企业而言，如何应对这股年轻化的趋势，获得更多年轻顾客的青睐，或许是接下来最大的挑战。

平台：一种基本的企业形式

生意，就是生活的意义，这是我们一直坚持的观点。多花一点时间去理解年轻人的生活方式，这非常重要。生活方式的核心对象是谁？是年轻人。年轻人代表未来的生活方式，他们才是面向未来的人，多花些时间接触年轻人，和他们聊天，参加他们的活动，打破代际的隔阂，你才能知道生活方式是什么样的。如果你不了解生活方式，就不能完整了解属于未来的生意模式。

今天，“平台”这个词不再指商业模式，而是指一种基本的企业形式。如果你认为你在做“平台”，我们就要提醒你那个叫企业基本模式。我们坚持从这个角度来诠释“平台企业”，是因为对年轻人而言，他们需要在一个“平台”上展示能力和发挥作用，所以他们会选择能够为他们提供“平台”的企业，而不是仅仅拥有一个岗位。从这个意义上讲，“平台”是一种基本的企业形式。

“平台”已经不再是独特的商业模式，其价值在于可以吸引优秀的年轻人，能够让年轻人在“平台”的帮助下，释放能量。大部分情况下，传统企业与新兴企业的差距，会体现在吸引年轻人之间的差距上，更体现在人力资源的结构差距上。观察华为、阿里巴巴、腾讯时，人们可以明显感受到那种“青春气息”，这份“青春气息”让这些企业充满了活力、张力以及创造魅力。当我们看到90后、00后很自然地使用这些企业的产品时，也就知道这些企业是完全理解年轻人的生活方式的，他们完全在一种生活方式中，彼此吸引，共同成长。当我们去盒马生鲜体验的时候，完全知道“新零售”的核心是符合年轻人的需求。并不是“新零售”颠覆了“零售行业”，确切地说，是年轻人的生活方式颠覆了零售行业。如果我们还满足于我们自己熟悉的一种逻辑，对年轻人的生活方式理解不够，那就的确需要调整了。

两代人的故事

有两个故事可以和大家分享。

第一个故事来自一位华南理工大学无线电技术专业毕业的校友。他说自己的儿子没希望了。因为家里洗衣机坏了，他花了很长时间琢磨怎么修好，天天下班修，终于修好了，他就很骄傲地和儿子说，你看你老爸还行吧，这么多年宝刀不老，洗衣机修好了。结果他那个上初中的儿子很不屑地看了他一眼说：“你这个纯属浪费时间，我天天看你在那里修，你花40元钱找一个人来，两个小时就修完了。”他给我讲这个故事的时候，脸上充满了对儿子失望的神情。

他说：“你看这一代还有希望吗？动不动就花钱，动不动就找人来，自己什么都不会做。”其实他儿子是对的，这位高级工程师要被淘汰了。这样一位高级工程师，花了20多天，才把这个东西琢磨出来，真是浪费。他有这 20 多天，做出附加值更高的东西不是意义更大吗？但他没有这个逻辑，他的生活方式不是这样的，但初中生是这样的生活方式，年轻人用 40 元钱，两个小时就搞定。我们如果按一个工程师的工时费来算，20 多天是非常可怕的浪费，因为最后评价的结果只值 40 元钱。

第二个故事，是一位非常著名的老科学家讲的他和他孙女的小故事，因为这件事让他困惑。他是老科学家，经常给他的孙女讲他有多重要，他的贡献有多大，他如何如何厉害。他问孙女："你觉得你长大应该当什么？"他的孙女说："我长大要当歌星。"这让老科学家很难受。

他说："我的贡献这么大，而且她是在我的身边长大的，她竟然毫不犹豫地说她要当歌星。为什么这个时代变成这样了？"

我说："歌星与你比，差别实在是太大了。"

他说："我对她的帮助也很大，我是成功的科学家，从小就影响她，她为什么还要当歌星？"

我说："歌星有一个重要的东西，就是可以被很多年轻人前呼后拥。很多年轻人觉得歌星成功，觉得这个时代就是歌星的。在孙女的眼里，歌星有巨大的影响力，但科学家没有。"

然后他问我怎么能影响这些小孩子，变成以科学家为人生目标？

我说："那你也去当歌星吧。你当了歌星，你又是一个科学家，一定很多人爱你。"

我做这个比喻，只是想说明问题之所在。

老科学家想想说有道理，但是他说：“这个我来不及了。”

我说：“你可以教育年轻科学家，看看这样是不是可以更加贴近生活。因为只有贴近生活，你才能做到与年轻人沟通，你才能真正影响年轻人。”

无论是工程师还是老科学家，并不是他们自己技术不行或者能力不足，而是他们没有顺应年轻人的方式改变自己。我们的生活方式是过去时代的方式。与身边年长的朋友交流往往会发现，他们一方面不习惯年轻人的生活方式，另一方面却总是回顾自己年轻时的种种美好，这是否意味着，人们习惯向往的和最常琢磨的东西都是年轻时的感受和经历呢？因为那才代表你的生活。所以，时光逝去，但是“年轻”依旧，唯有“年轻”永续。

组织希望可以存续，也的确可持续，但是想要达成这一点，组织需要能够与时俱进。要获得这种持续的能力，需要组织能够前瞻性地往前一步，这一步取决于组织是否与年轻人在一起，组织的商业模式是否符合年轻人的生活方式，组织能否成为年轻人发展的“平台”，如果对这三个问题的答案都是肯定的，那么未来就属于你。

追求极致的客户体验

顾客是组织的永恒追求，但是，如果组织参与市场竞争的出发点仅在于满足顾客已有需求，它的成长会是一件艰难的事情。因为满足顾客已有需求的产品往往已经存在，并且是以极大数量、众多竞争对手参与的形式存在，加之年轻顾客喜好多变，因此对于组织而言，既要试图打破顾客对已有产品和已有服务的消费习惯，又要时刻应对新加入组织和新环境的挑战以及顾客不稳定的喜好带来的改变，在多重影响的压力下，组织要扎根生长的难度是非常大的，这也是这个过程淘汰了很多组织的原因。顾客的改变对组织提出了更高的要求，有些像武侠小说里的真经，“天下武功，无坚不破，唯快不破”。共生型组织的优势在于，组织与时间为友，可以快速感知，快速反应，快速实践。共生型组织关注年轻顾客价值创造，将持续满足年轻顾客的需求作为组织战略和决策的出发点，但这只是组织目标的一部分。共生型组织与其他组织不同的一点在于，它在满足顾客需求的前提下不断主动为顾客创造需求，并努力将这种需求变成顾客生活中必不可少的一部分。

满足个性化追求

在物质充裕的年代里，大部分顾客在进行消费时，不再只关注产品的价格和功能，而是期望在购买过程中感受到便捷化、个性化。他们崇尚创新，反对模仿，与已经习惯模仿的老一辈相比，他们对模仿和山寨更加反感。这意味着组织必须更加创新才能吸引更多的年轻顾客。正如铃木敏文在分析 7–ELEVEn 保持稳步的成长时讲到的，“7–ELEVEn 能够积极应对各种变化，针对社会和消费者需求的变化，主动挖掘潜在市场，推出相契合的产品和服务，并经过长年累月的坚持才会有今天的成就”。

2017 年，沃尔玛旗下高端会员制商店山姆会员商店与京东联合发布的《中国零售业付费会员消费洞察报告》指出，从中国零售市场发展阶段和国际经验来看，付费会员代表了未来发展的趋势，满足了消费者对于价值、品质和服务的新需求，不仅可以为零售企业带来高购买力与高忠诚度的顾客，更可以提升平台的运营效率。报告还预测，随着中国消费者对商品和服务品质需求的不断提高，付费会员制将成为国内零售行业未来发展的一种趋势。对于顾客已经习惯享受免费服务的现状，付费无疑是一种打破常规的挑战，国内已经有企业开始试水付费服务。

亚马逊推出 Prime 会员制已经尽人皆知，目前会员数量已经超过 1 亿，相关数据显示，付费顾客的消费额将超过非 Prime 顾客的 4.6 倍，正如约翰·沃瑞劳（John Vorilau）所言："亚马逊金牌会员就像特洛伊木马，大大拓展了顾客在亚马逊的购买意愿与商品清单，同时也给西雅图的书呆子们山一样的顾客数据用于研究和筛选。"[19] 在国内，京东成为第一家推出付费会员制的电商，其推出的付费会员体系——PLUS 会员于 2015 年 10 月正式上线。消费者可以通过付费的形式成为会员，进而可以体验会员专享的购物回馈、自营免运费、专属客服等个性化服务（见图 8–1）。

在京东看来，从顾客的角度出发，将电商提供给顾客的各种服务进行整合，以权益的形式向顾客进行统一输出，可为顾客带来更加直观的体验和感受，并以此强化电商的差异化竞争优势，提升顾客忠诚度。顾客需求是企业进行灵活改变的轴心，企业在意识到主力顾客群改变和顾客消费模式改变的前提下，要从自身改变开始，不仅提供更符合年轻顾客需求的产品和服务，还要持续不断地关注顾客的个性化要求，进而更好地持续吸引和留住年轻顾客。

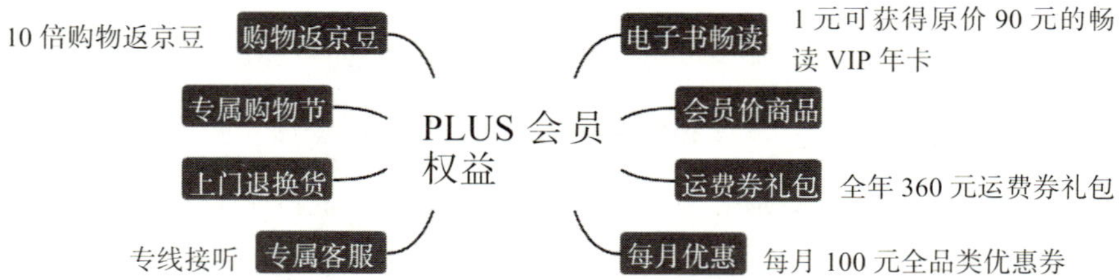

图 8–1 京东会员权益

极致产品

小米成立至今，估值从 2.5 亿美元上涨到接近 1000 亿美元，从这个意义上来讲，小米创造了商业奇迹。不管是产品的出货量，还是品牌的知名度或者资本市场的青睐，小米无疑是一家成功的互联网公司。雷军曾多次公开表示，小米成功的原因是“专注、极致、口碑、快”，在小米内部的工作中，雷军也多次强调，把产品的细节打磨到极致。

在面对海量的产品时，性价比几乎是所有消费者考虑的因素。在小米手机出现之前，市场上的产品要么是价格便宜，但是性能无法保障的山寨机；要么是品牌性能好，但是价格不亲民的诺基亚、三星之类的手机。小米手机 1 的横空出世，弥补了高性能、低价格的市场空缺，被定位为国产最好用、性价比最高的手机，迅速占领了消费者的心智。

雷军将“极致”贯彻到了很小的细节。2014 年，为了给即将发布的 MIUI 6 寻找一张合适的原创壁纸，他挑选了几十万张精美的照片，并不惜出 100 万元买一张壁纸。在外界看来，这有些噱头的意味，但是在雷军看来，这就是小米追求极致的态度。此外，可以注意到小米将极致细化到包装盒，小米手机的包装盒与其他品牌不太相同，它本身简约但是有很高的品质感。这种极致的包装盒的诞生是小米团队经过 6 个月 30 多版修改，上百次的打样以及 1 万多个样品筛选的结果，仅仅从这些投入就可以看出小米对极致的深度追求。小米坚信工艺上改进的每一小步都会成为体验上的一大步。为了保证手机盒边角的绝对棱角，小米专门从国外定制了高档纯米浆牛皮纸，以便进一步的加工处理。材料确定后，包装工程师除了改进制造工艺之外，还进一步对纸张进行加工，在纸张背面的折角位置打磨出 12 条细细的槽线，以确保每一个折角都是直角。一张牛皮纸的厚度只有零点几毫米，要在上面精密开槽，可谓用心到了极致。雷军说：“把自己逼死，把别人逼疯，如果自己都没被逼疯的话，那可能还没到极致。”正是这种以“顾客”和“产品”为中心的对“极致”的追求，为小米赢得了口碑。

1967 年，营销学权威菲利普·科特勒（Philip Kotler）在其著作《营销管理：分析、规划与控制》提出了“4P”理论的营销组合方法，理论的核心是产品（Product）、价格（Price）、渠道（Place）和促销

（Promotion）。此后，几乎所有企业的一切营销活动都是围绕着“4P”开展。在工业时代，人们更关注价格、渠道和促销，产品被置于最容易忽视的位置。但是，在信息通畅的现在，消费者接触商品的方式和方法也随之发生了根本性的改变，企业营销的本质需要回归到产品。好的产品，即使不需要努力地推销，也可以通过口碑赢得顾客的青睐。

互联网时代是过剩的时代，年轻顾客的消费行为很容易发生改变，极致产品的思想逻辑是把产品和服务做到最好，不仅要满足顾客需求，还要超越顾客预期，从而吸引顾客，增加顾客黏性。

由产品带来的升与降

传统品牌遭到消费者新观念的巨大冲击，不少品牌无奈地采取了收缩战线的策略，其中，两代“鞋王”——达芙妮和百丽相继遭到打击。2017 年 3 月 28 日，达芙妮发布的 2016 年全年业绩公告显示，该公司于 2016 年内营业额下滑 22.4% 至 65 亿港元，净利润亏损 8.19 亿港元。在核心业务的营收和毛利润都下滑的同时，达芙妮宣布净减少 1030 个销售点，相当于平均每天要关闭三家销售点。在这段公告中，“下滑”“亏损”成为达芙妮业绩的关键字眼。这家素有“大众鞋王”之称的近 30 年的老牌企业，在其最辉煌的时期，市场占有率接近 20%，但是近年来业绩开始暗淡，从 2011 年起，明显走向衰落，并在 4 年后出现 18% 的暴跌。

与达芙妮遭受同样命运的还有百丽。2017 年 7 月 27 日，中国最大的女鞋零售商百丽正式从香港退市。这家创立于1992年的企业，最初只是一家资产仅200万港元的小工厂，凭借对线下百货零售渠道的绝对优势迅速扩张，经过短短15年的发展，成为市值高达670亿港元的上市公司。2013年，百丽的市值一度超过1500亿港元，成为中国最大鞋履零售商，如此辉煌的成绩让它的“鞋王”名号更加实至名归。公开资料显示，百丽国际鞋类业务的自有品牌主要包括百丽（Belle）、天美意（Teenmix）、他她（Tata）、百思图（Staccato）。森达（Senda）、百思图（Basto）、真美诗（Joy&Peace）等。除了自有品牌外，百丽还代理包括Bata、Clarks等在内的品牌。百丽国际的品牌，涵盖了国内鞋行业的一大部分市场，尤其是占据女士鞋类市场的半壁江山，但是依然掩盖不了百丽日薄西山的现状。

百丽国际首席执行官兼执行董事盛百椒曾经豪气地说：“凡是女人路过的地方，都要有百丽。”但是，曾经的豪言壮志在现实的节节败落面前不堪一击。百丽受到的消费者质疑越来越多，款式老旧、价格偏贵等一系列症结拉低了消费者的期望，百丽也逐渐认识到“品牌建设滞后、产品同质化、对于消费者了解不足、自主营销能力缺乏、研发上新速度逐渐落后”等长期积压的弊病。不管是消费者的抱怨，还是百丽自身的反思，衰退的根本原因还是在于产品本身，品牌老化，设计、营销等方面无法跟随新一代年轻消费者对时尚、创新的追求，失去消费者自然是无法避免的结果。

在零售的大洗牌中，有人欢喜有人忧，日本设计师品牌名创优品抓住机会，成为逆袭的“黑马”。这家奉行“简约、自然、富质感”

生活哲学的企业利用三年的时间快速成长，先后同美国、加拿大、澳大利亚、新加坡以及中国香港、澳门等全球60多个国家和地区达成战略合作，平均每月开店80~100家，共计在全球开店达1800家。2015年营收突破7.5亿美元，2016年更是取得近15亿美元营收的成绩。

在商业模式方面，名创优品控制了商品的设计核心力，商品的制作通过寻找代工厂的方式完成，对代工厂的高标准要求保障了产品的高质量。为了进一步保证产品质量，通常情况下，名创优品对新产品进行小批量试产，然后投放到部分店铺进行短期的试销，根据消费者的购买情况以及反馈，决定产品是否需要调整，以及是否大批量投放到市场。此外，为了保证产品品质，名创优品通过全球1400家店铺、200多名买手和数据化管理平台，对后台海量消费数据进行扫描分析，通过大数据对消费者的消费喜好、消费模式等进行了解，进而使产品的开发更加具有针对性。同时，向800余家供应商下达海量订单，通过“以量制价，买断供应”，通过均摊，降低生产成本，使“优质低价”成为消费者对名创优品的标签定位，最后通过“规模经济效应”获得持续发展。

不可否认，自创立以来，名创优品就被诟病模仿无印良品、优衣库等品牌，但是消费者仍然抵挡不了价格低、质量好的诱惑而选择购买，这与名创优品坚持的“回归自然，还原产品本质”不无关系。对过去的零售而言，渠道是关键，但是现在的零售主要通过产品来带动销售，产品是未来新零售的核心，是组织的第一战略，如果产品做不好，组织的任何战略都是徒劳的。

培养“粉丝”

伴随着偶像产生的“粉丝”一词，并非一个全新的概念。随着互联网的发展，“粉丝”被赋予了新的内涵，它已经不限于追捧某位明星，只要对某个人或某个产品投入了关注，甚至关注一个微博，关注一个公众号，都可以称为粉丝。在消费升级的时代，众多消费平台的数据显示，粉丝人群的平均购买力比非粉丝人群高30%；而在品牌线上营销活动的转化率方面，粉丝人群是非粉丝人群的5倍，足以看出粉丝力量的巨大。

提起因“粉丝”行为而产生的“粉丝经济”，很多人会想起2005年的《超级女声》节目，李宇春的“玉米”、周笔畅的“笔迷”、张靓颖的“凉粉”……粉丝经济在2005年夏天极度高涨，粉丝们为了支持自己喜欢的歌手，不仅花钱投票，还会自发在网上发帖讨论。中国领先的广播电视受众研究机构——中国广视索福瑞媒介研究（CSM）发布的2005年《超级女声》节目收视数据显示，《超级女声》平均收视率为8.54%，平均收视份额达到26.22%。因为《超级女声》的大获成功，湖南卫视的广告短信收入超过3000万元，广告经营收入突破1.5亿元，年营收突破6亿元。“粉丝经济”圆了一批“草根歌手”的明星梦，成就了一个中国电视发展史上的奇迹，也开启了湖南卫视走向腾飞的黄金时段。《超级女声》同时带动了冠名商的影响力，2005年，蒙牛乳酸饮料创造了23亿元的销售高峰，蒙牛酸酸乳品牌提升率高达18.3%，品牌影响力和市场占有率迅速飙升。

“粉丝经济”总是与“应援文化”相伴而来。“应援”源于日本体育界，最初指的是粉丝支持偶像的行为，发展到现在，应援活动的意义已经不局限于粉丝表达对偶像的支持，粉丝经济变现的方式变得更加多样。2017 年 2 月，人气明星鹿晗联合清流资本、新希望集团共同成立“清晗基金”，用以扶持年轻的文化内容创业者，目前清晗基金已经完成首轮募集，投资了包括移动互联网金融公司 51 信用卡在内的 40 多个项目。

《经典咏流传》一经开播，便以“文化 + 音乐”独有的安静气质，以及“咏诗以歌”的独创形式在众多的综艺节目中脱颖而出，超越了节目的属性，成为一种文化气象。节目首播便获得了全国网平均收视率 1.33% 的欢迎度，并一直延续较高的收视率，仅前三期节目的全网播放量就突破了 1.5 亿，节目“摇一摇”互动获得了近 400 万次分享，总曝光量高达 4 亿，成为 2018 年的第一个“现象级”电视节目。孤独了 300 年的清代大诗人袁枚的《苔》，被支教老师梁俊和学生们演绎后一夜爆红，重新走进人们的视线；由王俊凯演唱的《明日歌》频频登上话题榜，成为 2018 年春节期间传播最热的单首歌曲；张杰演唱的梁启超的《少年中国说》，尚未播出就已经火爆粉丝圈。在节目叫座又叫好的背后，不乏经典作品独特的隽永意涵和艺术魅力所产生的穿透力，当然，庞大的粉丝群体自发追捧所带来的“自来水效应”也不可忽视。

用户战略

在小米看来，做粉丝是用户战略。参与感扩散的背后是信任背书，是弱用户关系向更高信任度的强用户关系进化。粉丝文化首先是让用户成为产品品牌的粉丝，其次是要让用户获益。MIUI 发布第一个内测版本时，第一批用户只有 100 人，这 100 人成了小米日后发展的“种子用户”，是小米活跃用户群“米粉”的原点。接下来小米从用户原点发散，首先渗透进核心用户，再一层一层地迭代发展，不断向外扩散直到潜在用户，并通过建立小米社区、邀请资深用户参与小米产品发布会等方式刺激用户的活跃度，带来用户的群体归属感和情感认同，进而形成稳定的购买力。

为了进一步扩大“米粉”的力量，小米逐渐让粉丝深度参与产品研发、市场运营等多个过程。“橙色星期五”的开发模式，是吸引用户参与到产品研发的过程的创新设计。每周五小米将尚不够成熟的功能和想法呈献给用户，用户使用后在次周二提交四格体验报告。小米通过四格体验报告的数据，汇总出用户喜欢的、不喜欢的功能，作为下一步的技术改进依据。“橙色星期五”体验新系统和新功能，成为用户的期待，而且当用户发现小米正式发布的功能是他们亲自设计的或者是他们提出建议的，也会将其视为一件令人兴奋的事情。

周一	周二	周三	周四	周五
开发	开发 / 四格体验报告	开发 / 升级预告	内测	发包

图 8–2　小米“橙色星期五”开发模式

图片来源：小米公开资料

“双十一”用庞大的数字呈现了粉丝创造的奇迹。11月11日，原本属于单身人士的“光棍节”，本来是带点孤单和无奈的日子，但是现在却摇身变成了网购狂欢节，成了全体消费者狂欢的日子。从2009年开始，“双十一”这三个字不仅代表11月11日，还成了具有商业意义的标志性符号，更成了一个关注度堪比国庆“黄金周”的节日，从最初的“天猫双十一狂欢节”，延伸到京东、唯品会、苏宁易购等电商企业的商业促销狂欢活动，甚至带动了超过100万家线下门店的参与。2009年首次“双十一狂欢节”的成交额是5000万元，到2017年，“双十一”刷新了各项销售纪录。根据阿里巴巴公布的数据，2017年11月11日当天的销售额达到了1682亿元，刷新了2016年的1207亿元的纪录，同比增长39%，超过了冰岛或喀麦隆全年的国民生产总值。2017年的“双十一”创造了各项新纪录：11秒实现销售额1亿元，28秒实现销售额10亿元，3分01秒实现销售额100亿元，40分钟成交额突破500亿元，9个小时成交额超过1000亿元。这次“双十一”还变成了中国乃至全球最大的全民购物狂欢节，改写了中国的消费生态，这些惊人的数字背后正是粉丝们的狂热拥护。

粉丝经济是用户为核心的外延，通过吸引消费者注意力并将其转变成重视粉丝，进而带动他们参与到产品或服务的销售和推广的过程中，最终实现商业的转化。互联网的发展，进一步为产品吸引用户提供了更简单、更快速的方式。因此，企业关注优质产品创造的同时，更需要聚集特定群体，为粉丝用户精准画像，并分析他们的实际需求，推出有针对性的服务，满足粉丝的消费需求。

今天的商业活动是由顾客主义的逻辑主导的，我们坚持强调这一点，并不是认为这是唯一的一条路径，但是一定是合适的选择。即使在巨大变化的环境下，企业仍然可以根据自己对于顾客需求的理解，以及技术应用的倾向，选择自己的发展路径。但是需要强调的是，这也代表了顾客主义的不同实现路径。无论企业如何做选择，如何理解数字化生存的环境，有一点是我们坚持的，那就是：战略思考的起点都是从顾客的需求出发，再通过技术的应用创造性地加以实现。这是顾客主义的共性规律。

毕竟，把顾客体验做到极致，美好的事情就会发生。

第九章
技术穿透

我们生活在一个移动技术的世界里，但是移动的并不是设备，移动的是你。

——康芒

（Common）

在互联网时代，科技的狂潮把商业大环境搅得天翻地覆，给组织带来了可以称为颠覆的影响。在《高频交易员》一书中，迈克尔·刘易斯（Michael Lewis）不停地问："谁在操控股市？"随着市场越来越受互联网的推动，投行竞争已经从数学模型变成信息技术，交易员个人的判断能力在其中发挥着越来越小的作用。当投行比的是毫秒级的信息优势时，人的优势不再明显。这个真实的场景，折射着组织所遭遇的情形，尤其是当组织试图像过去那样建立自己的竞争壁垒时，就会强烈地感觉到：竞争胜负的决定权已经不再由自己稳稳地操控。

以互联网为依托、数字资源为核心要素、信息技术为内生动力、融合创新为典型特征的数字经济，作为一种新的经济形态革故鼎新、大势已现。伴随着数字经济发展的浪潮，技术不断地被推上风口，AR（增强现实技术）、AI（人工智能）、区块链等受到追捧，市场上基于技术的“战争”风起水涌。腾讯、百度、阿里巴巴这类早期便依靠技术获得优势的互联网巨头依旧拔得头筹；人人、迅雷、暴风影音这些风光已逝的企业，试图抓住技术的热点再次重返辉煌；海尔、三一重工、美的、格力等传统企业更是宣布进军高科技市场，要把技术当作自己占据消费市场中心的踏板。毫无疑问，技术已经成为新一轮组织竞争的制高点，因为以技术为起点，是快速黏住顾客的最优途径。

技术创新重构组织

过去组织塑造品牌需要极长时间的历练，通常要经历 15 年甚至更长的时间才能够建立品牌，而如今，互联网带来的加速度发展加快了新兴组织对顾客生活的改变速度。滴滴出行用 3 年的时间累计完成了14.3亿个出行订单，入选世界经济论坛2015年“全球成长型公司”；摩拜单车创立仅一年时间，就在9个国家超过180个城市获得了2亿用户。越来越多的年轻组织只需要用几年的时间便会在世界范围的用户内心留下品牌画像。与成长速度的改变相反，产品的生命周期却呈现出缩短的趋势。不管是全面改变人们生活的电子产品，还是维持人们基本需求的生活产品，在技术驱动创新以及顾客体验提升的要求下，更新换代的速度越来越快。

数字化驱动发展

技术的创新应用重构了组织、顾客以及合作伙伴之间的价值关系，其中数字化技术的革命浪潮尤为凶猛，在更大程度上重新定义了人们的工作和生活方式，催生出更多元的数字化生态。然而在1995年，“数字化生存”的概念随着尼葛洛庞帝教授的《数字化生存》传入中国的时候，很多人不以为然，认为“信息技术的革命将把受制于键盘和显示器的计算机解放出来，使之成为我们能够相互交谈、共同旅行，能够抚摸甚至能够穿戴的对象”这类事情是荒谬的，甚至觉得《数字化生存》仅仅是一本科幻书而已。

1996年春天，北京中关村竖起了一块巨大的广告牌：中国人离信息高速公路有多远——1500米。而在1500米之外，是让人们接触网络世界的瀛海威科技馆。此后不久，互联网在中国进入迅猛发展时期，不但实现了包括中国公用计算机互联网、中国教育科研网、中国数学技术网以及中国金桥信息网在内的中国四大主干网的互联互通，开启了中国信息高速发展的历程，而且逐渐进入实用化阶段，网民群体逐渐增大。中国互联网络信息中心发布的第 41 次《中国互联网络发展状况统计报告》显示：“截至 2017 年 12 月，中国网民规模达到 7.72 亿，较 2016 年年底增加 4074 万人。互联网普及率为 55.8%，较 2016 年年底提升 2.6 个百分点。以互联网为代表的数字技术正在加速与经济社会各领域深度融合，成为促进中国消费升级、经济社会转型、构建国家竞争新优势的重要推动力。”

随着互联网逐渐由贵族的拥有物变成平民的消费品，“数字化生存”也由一个概念变成一种真实存在的状态。尤其是移动互联网产生以来，已经导致深度卷入互联网的行为方式产生了全方位的变化。互联网所产生的影响不仅是对现存事物和状态的冲击，还是对人们生活和生存方式的全新定义。人们不但可以超越时空限制，更加快捷地进行信息传递和交流，而且可以享受到数字技术产品带来的生活便利性和愉悦性。尼葛洛庞帝教授是这样描述自己的生活状态的：没有自己的办公室，很少打电话和写信，但是每天要花几个小时的时间处理电子邮件；他每年都旅行近 50 万千米，在他旅行时，总是随身携带数磅重的电池，占据行李箱四分之一的各种插头、插座和笔记本电脑，但是，就是这些东西，已经足够使他挣脱时空的限制，遨游更广阔的世界。[20] 这样的生活状态对现在的每个人而言，并不陌生。

从《数字化生存》被误读，到现在它成为很多人踏上互联网之旅的指路“圣经”，中国的数字经济已经进入快速发展时期，并在数字经济方面取得了有目共睹的成就。由中国网络空间研究院编写的《世界互联网发展报告2017》和《中国互联网发展报告2017》蓝皮书指出，2016年中国数字经济规模总量达22.58万亿元，跃居全球第二，占国内生产总值比重高达30.3%。中国数字经济发展硕果累累，带动了整个经济的创新发展。

基于对数字经济重要性的认识，其他许多国家也已经将发展数字经济作为优先发展事项，纷纷出台数字经济发展战略、数字议程等措施推动数字经济的发展。美国数字经济占国内生产总值高达33%，专门设立数字经济顾问委员会；德国发布“数字战略2025”，全面实施工业4.0；英国出台《数字经济战略》，建设数字化强国；日本提出建设“超智能社会”，旨在将网络和现实空间融合发展。联合国贸易和发展会议秘书长穆希萨·基图伊（Mukhisa Kituyi）指出：“数字经济以超出我们预测的速度呈指数比例地在扩张，仅在2012—2015年，数字经济的规模就从16000亿美元增长到25000亿美元。”根据埃森哲公司的测算，未来几年，数字经济在世界经济中的占比将达到22.5%；到2025年，全球各个行业的数字化转型有望带来100万亿美元的社会及商业潜在价值，其中仅汽车、消费品、电力、物流四大行业的数字化转型就将为社会和行业带来超过20万亿美元的潜在累计价值。

人是数字时代的主人

尼葛洛庞帝教授说：“我们无法否定数字化时代的存在，也无法阻止数字化时代的前进，就像我们无法对抗大自然的力量一样。”无法阻止的数字化时代带来的不仅仅是经济环境的变化，更是人们生活和生存方式的改变。作为数字经济发展引擎之一的数据日趋丰富多彩，它以更低的成本、更快的速度和更加环保的方式创造着全新的事物，帮助人们更好地了解世界。另一个重要引擎——人工智能更是异军突起，它承载着人类的智慧不断演进和优化，越来越分散化，越来越多元化，越来越个性化，越来越深入各个行业并不断催生变革和突破。人工智能技术改变甚至颠覆组织的经济和商业环境，对各行各业造成了不可避免的冲击，它一次又一次吸引了足够的关注，引发人们的思考和讨论，甚至引起人们对未来的担忧，尤其是对与人们息息相关的失业问题的担忧。而这种担忧似乎又是不无道理的，2016 年 3 月，在围棋人机大战中，Alpha Go 以 4∶1 的显著优势战胜围棋世界冠军李世石；2017 年 5 月，再次以 3∶0 战胜世界冠军柯杰。当然，我们不能因此夸大人工智能的突破，但也不能否认人工智能带给围棋界的震动，以及更大范围的数字经济带给人们生活的改变。

2016 年年底，世界著名物理学家霍金（Hawking）在英国《卫报》的专栏中写道："工厂自动化已经让众多传统制造业工人失业，人工智能的兴起很有可能会让失业潮波及中产阶级，最后只给人类留下护理、创造和监督工作。"霍金不是唯一持这种观点的人。纽约时报畅销书《第二次机械革命》（*The Second Machine Age*）论断，"数字科技和人工智能带来巨大积极改变的时代已经到来，但是随之而来的也有引发大量失业等负面效应"。越来越多的专家认为，虽然人工智能会带来生产效率的提高，但是科技会取代人们赖以为生的工作，导致大范围的失业，进而对劳动力市场带来破坏性的影响。根据一份花旗银行与牛津大学在2016年2月公布的报告，美国47%的就业岗位可能被机器人代替。在英国这个比例是35%，在中国该比例高达77%，而在经济合作与发展组织国家，平均57%的工作岗位将实现自动化。

关于数字经济对失业的影响，有学者提出了“5秒钟准则”，也就是如果一个人能够在5秒钟内对工作内容做出相应的判断，那么这种工作很可能会被人工智能部分甚至完全替代。需要担心人工智能会带来失业的不只是低级别技能工作者，还有高级别技能工作者，数字经济对社会结构的冲击也会涉及较高层。基于以上两个方面的考虑，现有的劳动力市场结构不一定会坍塌，更加可能的是在目前的基础上进行一定程度的调整。

不可否认，同人工智能相比，人类在很多方面并没有表现出优势，相同的工作，人工智能可以比人类更高效、更高标准地完成。但是这个结果也不会令人沮丧，因为人类文明的每一件产物都是智慧的结晶，人工智能也不例外，它只不过进一步将人类的智慧放大，帮助人类获得梦寐以求的效率以及生活质量的改善。在数字经济到来之前，受制于有限的技术水平，一部分人不得不被牢牢限制在工作岗位上，数字经济满足了人们对技术的需求，将人从工作的限制中解放出来。如此看来，人们对于失业的忧虑被过分夸大了。

研究认为，对“数字经济带来的失业”更合适的定义是“数字经济带来的工作方向转变”：工厂的流水线交给机器，工厂决策交给大数据，人工智能和大数据则将人类从标准化、琐碎的、重复的工作中解放出来，人类的独特性将会充分体现，数字化时代更重要的是劳动者的个性化，人类精神才是这个时代的真正价值。更何况，科技进步在创造失业的同时，也会创造更多的就业。人类要做的事情，并非是与机器在计算能力或文本处理能力方面一争高下，正如发明指南针帮助辨别方向，发明电话方便彼此之间的交流一样，人类正是通过技术的进步，增强自身不擅长的方面，实现对更美好生活的追求。

机器只是人类的工具，担心数据将会控制甚至掌控人类的，是对数字经济发展的极度乐观者；担心人工智能将会造成灾难性失业的，是不相信科技进步能够重新调整经济结构的保守者。现实是机械手还远远不如人的手臂灵活，机器现在还难以取代大多数服务工作。“Wait But Way”网站的创始人蒂姆·厄班（Tim Urban）说：“现在的人工智能系统花了几十年时间才到了人类‘脑残’智能，也就是智力障碍的水平，它们对于世界的感知大概和一个 4 岁孩子一般。”人具有宝贵的思考能力和智力，这些能力是完成复杂的目标所必须具备的，它们并非依据已知信息进行简单的判定，也不是大量数据堆砌后的统计规律，而是真正的创造性思考和智慧呈现。

技术的进步让数字化越来越贴近人类，为人们的生活和工作提供了无限便利，但它也同样引起了人们的忧虑。从生态系统的角度来看，新兴的数字生态体系正处于制定各项兼容性标准和安全标准的阶段，这个阶段必然隐藏着未知和动荡。因此，在人们的“忧虑”背后，是数字化经济尚未成熟带来的不安，以及整个经济结构重新调整时必然引发的迷茫。

显然，数字经济的来临已经无可逆转，人们应当以更加开放的心态迎接人工智能的应用，迎接数字经济带来的全新变化。随着机器逐渐占据标准化的领域，人们得以解放出来，回归到更为宝贵的“个性化”。数字化发展使得每一个人、每一家组织都通过数字技术紧密地联系在一起，所有的生活、生产以及各种生命活动都交织在一起，在这个数字生态共同体中命运与共。数字化带来的变化，已经不再停留在技术层面，也不仅仅是商业层面，从更本质上讲，它为人们与世界相处提供了一种全新的方法。这种改变是革命性的，它让人们以一种更加和谐的方式与世界共存，不被地域阻碍，不受时间限制；它让人们以更加开放的心态看待世界，理解世界的多样性和多元化；它让人们用更加包容的态度面对不同，理解和尊重每个人的权利。

共创共享共用

在今天，所有行业与数字融合已经成为不可避免的事实，快速的数字化发展正在成为中国企业甚至中国经济的颠覆者。2017 年 9 月，著名咨询机构麦肯锡全球研究院发布了《中国数字经济如何引领全球新趋势》的研究报告，报告指出，过去 10 年，中国已在多个领域成为全球数字经济的引领者。以电子商务为例，10 年前中国电子商务交易额不到全球总额的 1%，如今占比已高达 40%，据估算已经超过英、美、日、法、德五个国家的总和。数字化支付也在迅速增长，2016 年中国与个人消费相关的移动支付交易额高达 7900 亿美元，相当于美国的 11 倍。在全球 262 家“独角兽”公司中，三分之一是中国的企业，总体估值已经与美国相当。

此外，中国拥有全球最活跃的数字化投资系统。从整体上看，中国风险投资行业发展迅猛，投资总额从 2011—2013 年的 120 亿美元迅速增至 2014—2016 年的 770 亿美元，在全球风险投资中的占比也从 6% 提升到 19%。中国的互联网三巨头 BAT——百度、阿里巴巴和腾讯，共同建立的丰富的数字化生态圈正在不断拓展延伸。2016 年，BAT 提供的风险投资占中国风险投资总额的 42%，在推动中国数字产业发展方面做出了巨大贡献；而同年，脸谱网、亚马逊、网飞及谷歌的风险投资仅为美国风投市场贡献了 5%。中国已经成为塑造全球数字化格局的重要力量，其力量和影响还在不断增强、不断扩大，将在商业模式、产业投资和全球治理等多个领域引领全球新趋势。

大数据服务顾客

最早提出大数据时代到来的是麦肯锡咨询公司（McKinsey & Company）。麦肯锡称：“数据已经渗透到当今每一个行业和业务职能领域，成为重要的生产因素。人们对于海量数据的挖掘和运用，预示着新一波生产率增长和消费者应用浪潮的到来。”哈佛大学社会学教授加里·金（Gary King）认为：“这是一场革命，庞大的数据资源使得各个领域开始了量化进程，无论学术界、商界，还是政府，所有领域都将开始这种新的进程。”数据演示与可视化领域的顶级大师爱德

华 · 塔夫特（Edward Tufte）同样指出了大数据的重要性："如果能把相关信息列在一旁，那么视觉推理就更有效，数据越翔实，信息就越清晰易懂。"

美国第二大超市塔吉特百货（Target）的一家零售连锁超市迎来了一位男性顾客，他闯进超市进行抗议："你们竟然给我 17 岁的女儿发婴儿尿片和童车的优惠券。"店铺经理立即赶来道歉，但是让经理意外的是一个月以后，这位父亲却专程前来向经理道歉，因为他得知女儿确实怀孕了，而塔吉特比这位父亲足足提前一个月知道女儿怀孕的消息。这背后是塔吉特独有的庞大的数据资料库的功劳，初次到塔吉特消费的顾客会获得一组顾客识别编号，它会详细记录顾客每次的购买行为信息，然后系统对历史信息进行专门总结，分析顾客的购物喜好，预测顾客将来的需求，并通过邮件的方式向顾客进行定向商品推送。塔吉特比消费者更早了解消费者的需求，是数据资料库从大数据角度帮助企业做出的决策。

毫无疑问，大数据的影响和价值越来越凸显出来，正如被誉为"大数据时代的预言家"的维克托 · 迈尔 – 舍恩伯格（Viktor Mayer–Schönberger）所讲，大数据开启了一次重大的时代转型，就像望远镜让我们能够感受宇宙，显微镜让我们能够观察微生物一样，大数据正在改变我们的生活以及理解世界的方式，成为新发明和服务的源泉，而更多的改变正蓄势待发。[21] 数据已经成为一种公认的资源，甚至是一种通用的新语言，重构着每一个行业的模式和每一人的生活。

美剧《纸牌屋》风靡中美两国，吸引着包括美国前总统奥巴马在内的世界各地的粉丝。2013 年 1 月，制作方网飞公司发布的财报显示，2013 年第四季度，公司的盈利突破 11.75 亿美元，同比增长了 500%，很大原因是新一季《纸牌屋》带来的巨大的用户流量。《纸牌屋》成为全球的收视“黑马”，除了其精良的制作，还在于网飞对海量用户的数据分析。在投拍之前，制作方就通过大数据分析了解到人们对政治剧情、导演大卫·芬奇（David Fincher）和奥斯卡最佳男主角凯文·史派西（Kevin Spacey）的期待，于是，网飞将这三种元素进行了完美结合。此外，网飞通过大数据观测到的趋势是，越来越多的观众喜欢“积攒”看电视剧，倾向于待整季播放完毕后在移动设备观看，《纸牌屋》顺应这种趋势选择一次性播放 13 集，它不仅打破了美剧的规律，而且成功地创造了一种全新的制作和播出的方式，使得网飞的用户数量和市场占有率飞速上涨。

大量的数据为人们理解世界打开了一扇新的大门，过去许多不可计量、存储、分析和共享的事物都得到了数据化，这标志着人类在寻求量化和认识世界的道路上又前进了一大步。大数据使得组织对消费者需求的分析模式也在进行巨大的创新，每个产品和服务都有自己的特性和独特的顾客群，并且具备无限的延伸空间。通过消费者行为的信息数据进行跟踪和分析，组织可以有针对性地掌握消费者的需求，实现与顾客的良性互动，预测现有规律和潜在规律，进而选择更加匹配的产品和营销方案。大数据的应用为产品和顾客提供了精准化对接的途径，对提高顾客的购买意愿、优化顾客的消费体验产生了积极影响。

数据作为一种自然要素，已经渗透进每个人的生活与行为中，其作为一个崭新的世界，已经并行于物质世界，成为人们生活不可缺少的一部分。正如维克托·迈尔－舍恩伯格所言：“大数据时代开启了一场寻宝游戏，而人们对于数据的看法以及对于因果关系向相关关系转化时释放出的潜在价值的态度，正是主宰这场游戏的关键。”

共享经济实现共赢

1978 年，美国得克萨斯州立大学社会学教授马库斯·费尔森（Marcus Felson）和伊利诺伊大学社会学教授乔·斯佩思（Joe Spaeth）首次提出“共享经济”的概念，并且指出：“共享经济的主要特点是以第三方建立的信息技术平台为共享基础。共享经济是人们公平享有社会资源，各自以不同的方式付出和受益，共同获得经济红利，此种共享更多的是通过互联网作为媒介来实现。”“共享经济”这个名词现在已经越来越为人熟知，它颠覆了企业与个人消费的产业模式，带动了消费者的价值观、消费理念以及消费角色的转变。

保持组织持续生态的一大要素是资源的循环利用。在共享经济模式下，资源的所有权和使用权进行了分离，打破了“拥”与“用”的界限，闲置资源得到了充分的利用，不但降低了企业使用资源的成本，而且提高了资源的整体使用率。

研究关注到一个新兴的工艺造型设计平台——简物原创，它为工业设计者和制造工厂提供了连接的平台，推动了工业制造端与设计师的合作。研究资料显示，在 2015 年，中国的生产制造型企业大约有 14 万家，主要分布在浙江、江苏、广东等省，其中 60% 集中在家居产品。但在设计研发费用上，这些制造工厂只有 10% 的比例，而欧美国家的研发支出达到了 40%。可见中国大多数制造业的设计本身是很缺乏的。正是基于此，简物原创的主要作用是提供企业和国内外知名设计师“面对面”交流的平台，帮助企业获取更多专业的定制化产品设计，并结合市场趋势，定期做出产品策略分析，为企业梳理新的产品线，对原创产品的开发做长期规划，同时为优秀的原创产品提供全渠道的销售支持，解除企业对产品创新的后顾之忧。为设计师和企业提供合作共赢的机会，通过资源共享，原创设计在商业上的成功转型带来了真正有价值的力量。

在传统的社会形态下，生产和消费几乎是割裂的。长期以来，人们普遍认为组织作为生产方，为顾客提供所需要的产品和服务，消费者只需要单纯地进行消费，交易的过程便宣告结束。在这个过程中，组织的目的在于不断寻找消费者，不断提供新的产品，而消费者仅仅是组织提供产品的被动需求目标，是组织创造利润的重要来源。然而在共享经济的模式中，消费者被动接受和选择商家提供产品与服务的形式被打破，消费者既是产品和服务的接受者，也变成了产品的生产者。消费者通过移动互联网，以接近于零的边际成本分享信息，并且能够随时随地与其他消费者进行沟通和互动，更加全面地了解产品和市场。尤其是乐于接受新鲜事物的年轻顾客，他们更加深入地与互联网产生了关系，已经成为共享经济的活跃组成部分。

面对消费者的改变，组织需要顺势而为，打破和消费者的边界，采取更灵活、更主动的方式与他们保持长久的联系。现在，新兴组织快速成长，很大一部分原因是意识到消费者角色的改变，并创造机会以最快速的方式满足全新的消费者需求，为组织赢得消费者的信任和支持，从而获得持续成长的机会。

众筹柔化公益

2017 年 8 月，“用艺术点亮生命”公益活动在微信朋友圈中获得了刷屏，引起了人们的广泛关注。“用艺术点亮生命”通过售卖“小朋友”创作的画作，在线上实现了一次更具温情的公益众筹。画的创作者大多数是患有自闭症、脑瘫、唐氏综合征等疾病的特殊人群，他们之中最小的只有 11 岁，最大的 37 岁，但疾病让他们不得不面对一生都无法“成长”的现实。每幅画作的售价只有 1 元，人们通过微信购买后，可以将画作进行电子化保存，而购买过程也将被视为一次捐款。“用艺术点亮生命”活动最终获得了 581 万人的参与，成功筹集到 1500 万元用于改善“小朋友”的生活，帮助他们融入社会。

“互联网 + 公益”的创新传播模式，对中国的公益事业而言是一种全新的尝试和探索。在技术的透明运作下，“互联网 + 公益”不仅打破了传统公益募捐在时间和空间上的限制，使得整个项目的运作全程处于公开之中，消除了传统公益款项无法监督的弊端，而且拉近了人们与公益事业的距离，降低了参与公益事业的门槛。

“用艺术点亮生命”的成功，引起了大家对其背后的腾讯公益的关注。2007 年 6 月，腾讯倡导并发起了第一家由互联网企业发起的公益基金会，发展到今天，腾讯公益已经成为中国首屈一指的公益众筹平台。借助互联网技术，结合腾讯的平台优势，腾讯公益已经累计筹得 34 亿元善款，结合 1.5 亿人的力量，在疾病救助、教育教学、动物以及环境保护等方面做出努力。腾讯公益打造了一个众筹平台，用更加年轻化、更具交互性的方式，让人人参与公益成为现实。

途家网：坚持顾客体验

“互联网 +”以及共享经济正在为短租这一传统行业带来新的亮点，在整体的顾客画像上，短租的顾客群以“80 后”“90 后”年轻人为主，他们已经习惯了用互联网解决衣食住行的几乎所有问题。相对于千篇一律的传统酒店，年轻顾客更倾向于体验独具特色的短租服务，而且短租更高的性价比也对年轻人产生了极大的吸引力。中国短租行业经过短短几年的历程，发展势头十分猛烈，出现了蚂蚁短租、游天下、途家网、爱日租等短租平台齐头并进的局面，其中途家网的发展速度和发展潜力令人侧目。

作为中国住宿分享引领者的途家网于 2011 年正式上线，途家网首席执行官罗军在解释途家网的商业模式时，用“盒饭理论”表达了他眼中的度假公寓空闲价值：“就像在路边买一份盒饭，吃剩下的要扔掉，我可以说你别扔了，我帮你吃了再把碗洗干净给你，还给你 5 块钱。”途家网搭建了一个平台，向上游整合分散在各地的度假公寓，向下游提供给消费者高品质的度假用房，以此把个人闲置的房屋利用起来，让消费者用较低的费用获得最优的体验。在途家网，普通个体可以成为“酒店管家”，消费者因而获得更快捷的住宿服务，而且相比于常规酒店，消费者的个性化需求更容易得到满足。与此同时，“酒店管家”也体验到了闲置物品获得利用而带来的回报。上线仅三个月，途家网完成了B轮融资，并在2015年完成D轮和D+轮3亿美元融资，正式迈入10亿美元估值的独角兽行业（见图9–1），进一步通过对蚂蚁短租以及携程、去哪儿网旗下的公寓民宿业务的并购，途家网进入快速整合的时代。

途家网的成长，呈现出的是更为真切的通过技术共享创新的价值。途家网拥有清晰、明确的企业使命，即“坚持顾客体验至上”，企业活动遵循顾客优先的准则来整合合作伙伴。在途家网，“顾客”一词多了一层含义，不仅公寓民宿的消费者是顾客，公寓民宿的房东也是顾客。在保障顾客权益方面，途家网一方面严格地进行房屋的实地验真，在消费者入住的前中后期进行立体化服务，保障消费者的安全，并且进一步与蚂蚁短租、艺龙、去哪儿等平台合作，为消费者提供更丰富的房源选择，相关数据显示，在众多的短租平台中，途家网以40万的房源数量遥遥领先；另一方面，途家网推出了身份验证、设置押金、免费家财险及持续收益等多重举措，保障房东的利益，此外，为了帮助房东提高服务水平，途家网在2016年下半年推出了提供毛巾、被单等产品的集中清洗与一次性使用塑封等地面服务，使房东分享房屋时更安心、更省心。让合作伙伴借助共享的技术平台，聚焦顾客体验，途家网进行着快速的发展。

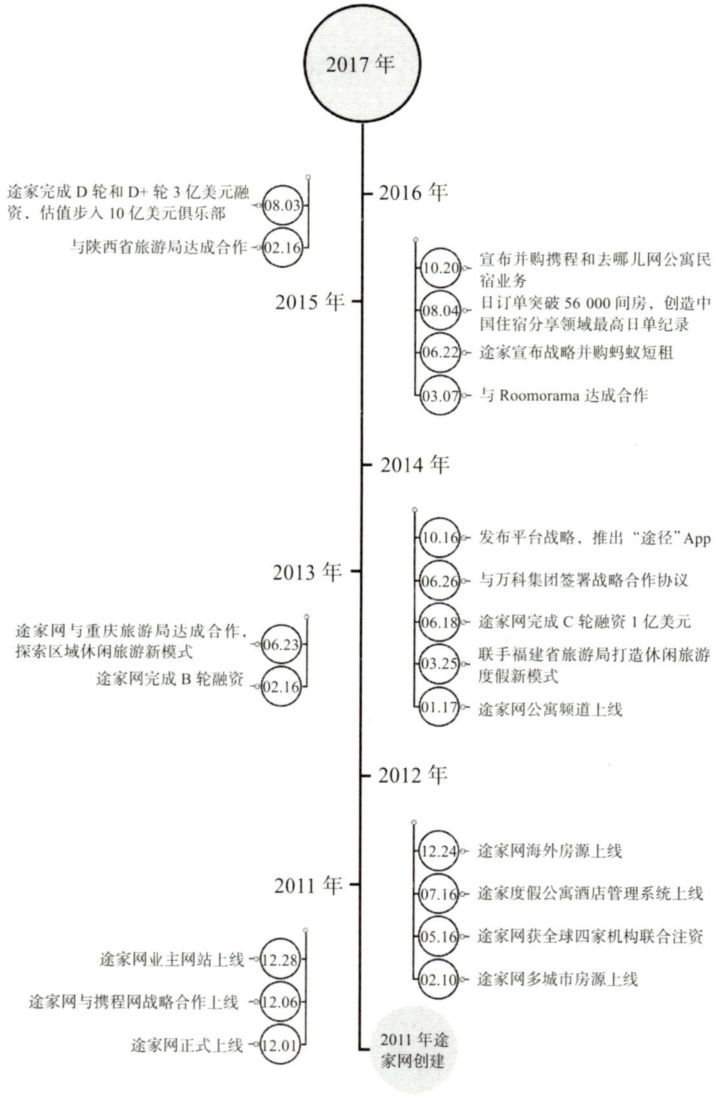
2017年
2016年
08.03 途家完成D轮和D+轮3亿美元融资，估值步入10亿美元俱乐部
02.16 与陕西省旅游局达成合作
2015年
10.20 宣布并购携程和去哪儿网公寓民宿业务
08.04 日订单突破56 000间房，创造中国住宿分享领域最高日单纪录
06.22 途家宣布战略并购蚂蚁短租
03.07 与Roomorama达成合作
2014年
10.16 发布平台战略，推出“途径”App
06.26 与万科集团签署战略合作协议
06.18 途家网完成C轮融资1亿美元
03.25 联手福建省旅游局打造休闲旅游度假新模式
01.17 途家网公寓频道上线
2013年
06.23 途家网与重庆旅游局达成合作，探索区域休闲旅游新模式
02.16 途家网完成B轮融资
2012年
12.24 途家网海外房源上线
07.16 途家度假公寓酒店管理系统上线
05.16 途家网获全球四家机构联合注资
02.10 途家网多城市房源上线
2011年
12.28 途家网业主网站上线
12.06 途家网与携程网战略合作上线
12.01 途家网正式上线
2011年途家网创建

图9–1 途家网发展历程

消费者和生产者关系的转变，使得消费者和组织之间的界限变得模糊，消费者既是需求的来源方，也是需求的满足方。消费者成了生产者，并且拥有决定产品的功能、供给情况的权利，这一切转变都是源于互联网技术提供的共享共创可能性。更重要的是，在这个过程中共用的技术平台使得闲置资源得到社会化再利用。正如罗宾·蔡斯（Robin Chase）在《共享经济》中所言："分享资源会带来最高效率，分享知识会带来最伟大的创新。当企业和个人都在努力做到最好，为对方解决问题、恼人或是难以攻克的难题时，最终双方的合作就会产生出人意料的结果，甚至是奇迹。"[22]

人人都是自媒体

在互联网出现之前，观众想要观看电视节目，需要接受企业的设计，按照企业制定的时间和标准进行收看，观众非常被动。随着移动互联网的发展，观众可以在任何时间、任何地方随心所愿地欣赏电视节目，甚至可以决定电视节目的发展。韩剧一度在中国掀起热潮，从《蓝色生死恋》到《冬季恋歌》，从《大长今》到《来自星星的你》，无不引起中国观众的追捧。韩剧之所以受到欢迎，不仅在于能够深度把握观众的心理，更在于"边拍边播"的模式可以让编剧在拍摄的全过程中与观众形成互动。韩剧一般先拍好几集，一边播出一边听取观众的反馈，根据反馈适时调整剧情。在某种程度上，观众决定了人物的"生死"。看电视节目的决定权转移到了观众自身，而非企业。

互联网的高速发展，造就了一个人人都是自媒体的时代，从这个角度，可以更加明了地感受到技术在其中所起到的连接能量。2016 年 1 月，三集纪录片《我在故宫修文物》在中央电视台首播，反响平平，但是一个月后，这部“萌萌哒”的纪录片却在知名视频弹幕网站哔哩哔哩（bilibili，又称 B 站）意外走红，成为继 2012 年《舌尖上的中国》之后的又一个爆款。没有过多的宣传，口碑却在不断发酵，凭借“自来水”好评的口口相传，一部没有大牌明星的波澜不惊的纪录片却在社交圈中被频频转载。《我在故宫修文物》一时间成为“现象级节目”和话题焦点，点击量突破了 200 万，豆瓣评分高达 9.5。在 B 站网友的弹幕攻击下，拥有匠人匠心精神的钟表师傅王津被称为“男神”，只要王师傅一出现，各种表白男神的弹幕便能铺满整个屏幕。相比于传统的电视媒体，B 站更抓住了共创与共享的时代特征。在 B 站的弹幕文化里，观众随时分享自己的观点，并且可以超越时空的限制，与其他观众形成互动，构建出一种共鸣和狂欢的气氛，形成一种虚拟的部落式观影氛围，以此获得的知识增值和情感增长都是数倍放大的，从而更紧密地把观众和内容连接在了一起。

自我成长需突破三个障碍

随着全球化带来的组织之间深度浸入，技术革命的浪潮让越来越多的组织形成了合作的关系。任何组织都不能脱离价值链独立生存，也没有任何一个组织可以控制一项复杂技术的完整产业链，再强大的组织也只能在产业链中居于一部分，与产业链中的其他组织共同形成既有合作也不排斥竞争的命运共同体。在这种合作中，技术使得一部分组织拥有了话语的主动权，可以依靠技术的强势地位对其他组织产生更强烈的影响。与此同时，另一部分组织却处在被动依赖的劣势地位，在这种不对等的关系中，一旦脱离技术的庇护，处于技术短板一端的组织必将逐渐衰落，甚至可能面临灭顶之灾。正是因为技术有着如此巨大的影响力，所以更需要为每一个组织成员提供分享技术的机会。

在技术驱动环境巨变的时代，对于共生型组织而言，每一个组织成员的自我成长和实现能力依然是极为重要的能力。当一个组织凭借合作得以站在向全世界输出产品和服务的风口，更需要清醒地认识到，合作所提供的是一种机会与资源，组织各项成长能力依然还是组织自我成长能力的体现。这需要组织在依赖或附属于其他组织的同时，还要增加自身技术实力，唯有如此才能拥有真正的竞争力。通过持续的创新让组织在核心技术方面表现得更加独立，并能为其他组织输出技术所带来的共享机制，这样的组织才可以保有竞争力。

持续创造力成就了共生型组织的自我成长，而创造力的背后除了资本的投入，更重要的因素是创意人才的输入和产出。任何组织要想在技术主导的市场中占据一席之地，都无法忽略对创新人才的重视和培养。尤其是互联网的迅猛发展带动了一批组织的转型，技术崛起的背后是组织对人才持之以恒的重视。猎聘网发布的《2017 年二季度人岗争夺战及职场流动力大数据报告》显示，互联网为人才提供了非常广阔的用武之地，互联网技术相关的领域仍然是全社会人才供给和需求最为旺盛的行业。2018 年 1 月，《财富》世界 500 强人力资源服务提供商 Adecco 集团、欧洲工商管理学院（INSEAD）以及塔塔通信（Tata Communications）联合发布的《2018 年全球人才竞争力指数报告》指出，人才多样性和竞争力将为未来的工作带来积极影响。

持续创造力成就了共生型组织的自我成长，而创造力的背后除了创意人才的输入和产出，还有一个重要的因素就是让组织在一个快速成长、不断创新的生态之中。达成这一点的关键是一套让更多组织成长的解决方案，而正是技术在这套行之有效的解决方案中发挥着关键性作用，我们称这套方案为“技术穿透”。正如开篇所言，实现技术穿透，需要每个组织成员突破三个障碍：愿意放弃自己固有的优势和行为习惯，拥有开放学习的心态和行动，以及能够在技术框架下展开沟通和信息共享。

突破障碍方法一：放弃固有优势与行为习惯

政治经济学家约瑟夫·熊彼特（Joseph Schumpeter）在其著作《经济发展理论》中提出了创新的概念，创新被视为将生产要素的“新组合”引入生产体系的过程。与此同时，熊彼特认为创新是在生产过程中内生的，必须能够创造出新的价值。自此，创新的基因被不断地植入到组织中，成为组织突破自身局限、寻找生机和出路的必备条件，而创新的时效性从根本上证明了创新是不断放弃和重启的过程。管理大师克莱顿·克里斯坦森（Clayton Christensen）提出的“颠覆性创新”概念是用于描述新的竞争者如何瞄准市场根基，攻占市场，最终实现洗牌。这样的情形在过去十分罕见，而在互联网时代的今天，则成为普遍发生的事情，利用新技术或者新模式进行颠覆的情形，几乎每天都在发生。在这一系列颠覆与被颠覆中，新的可能不断呈现，新的机遇不断出现，组织已经不能仅从既有的思维和惯性理解环境。

放弃固有的优势与习惯，已经成为组织开启创新的第一步。组织需要放弃已被实践证明不再有效的思维和惯性，重新用新的思维方式看待机遇和竞争，用实践开启新一轮的创新。彼得·德鲁克曾经说过："行之有效的创新在一开始可能并不起眼。不起眼的细节，往往会造就创新的灵感，让一件简单的事物有超常规的突破。"同时，他认为，"创新不是浮夸的东西，创新要做的是某件具体的事"。真正好的创新有吸引人心的力量，它将生活融入其中，用独特的视角和智慧不断修正生活里各式各样的漏洞，为生活提供美好。

艾里克·施密特（Eric Emerson Schmidt）、乔纳森·罗森伯格（Jonathan Rosenberg）和艾伦·伊戈尔（Alan Eagle）通过对谷歌的研究，阐述了他们对于创新的认识："创新不只是创造新奇实用的想法，还包括实践。'新奇'往往会被当成'新颖'的近义词，因此有必要指出，创新的东西不仅需要新的功能，还要出人意料。如果你的产品只是满足了消费者提出的需求，那么你不是创新，而只是做出回应。回应是好的，但是毕竟不是创新。另外，用'实用'这个形容词来描述高大上的'创新'，实在有点黯然，因此，可以在前边加上一个副词，把'实用'变成'非常实用'，创新的东西不仅要新颖、出人意料，还要非常实用。”[23] 顾客接触产品的渠道越来越多，消费过程越来越明智，可选择的产品也越来越多，消费者已经练就了一双慧眼，能够看穿产品表面背后的需求。一个产品从产生到形成并推向顾客的过程，绝不是技术人员的闭门造车，明确“客户需要电钻，还是墙上的洞”是所有创新过程的起点。任何先进的产品和服务，只有转化成顾客的需求才能产生商业价值。

任正非曾经在华为内部讲道：“现在我们是两个轮子在创新，一个是科学家的创新，他们关注技术，愿意怎么想就怎么想，但是他们不能左右应用。技术是否要投入使用，什么时候投入使用，我们要靠另一个轮子 Marketing（市场营销）。Marketing 不断地在听客户的声音，包括今天的需求，明天的需求，未来战略的需求，才能确定我们掌握的技术该怎么用，以及投入市场的准确时间。”马化腾对“创新”有着相似的理解，他说：“为了创新而创新，工作反而会变形。要把为顾客服务的意识灌输到每一个产品、设计，包括每一个运营的员工心里，而不是为了完成领导交代的任务。创新一定是在快速服务顾客的过程中，发现哪些点顾客抱怨了，或者觉得不爽了，那可能是你的一个创新的机会。”

2017 年 10 月，铁路部门推出了新的措施，“12306”官网不仅有了“连续换乘”的方案推荐，而且开通了“高铁动车选座”服务，这是铁路部门在赢得顾客满意度上迈出的又一步。以往只能在车站窗口挂失、补办车票，现在可以在车上或在出站口办理；针对被很多人吐槽的高铁套餐又贵又难吃的问题，国家铁路局进行了透明定价，并且在部分车次试行“高铁叫外卖”；为了方便经常出差的乘客，国家铁路局与中国银行合作，在京津城际、广珠城轨、沪宁高铁、沪杭高铁等重要的高铁线路上，推出“中铁银通卡”，凭借此卡乘客可以享受高铁一站式服务。这一系列的创新举措，表明高铁放弃固有的运营和服务习惯，放弃自己固有的优势，打开边界，让高铁与外部一系列合作伙伴为顾客提供更好的搭乘体验，因此也让高铁成为很多人的出行首选。

突破障碍方法二：开放学习的心态

在创新方面，有些组织会陷入对个人神话的误区。不可否认，某个人可能会在某项或某几项创新中发挥重要作用，但组织整体的创新必须通过整体的努力形成。对此，共生型组织坚持营造开放的学习氛围，坚信一个成功的创新方案必须在组织愿意采取创新活动的前提下进行，无论是人与人之间的情谊，还是组织中弥漫的气氛，都会影响创新活动的成败，而组织文化正是塑造这些非正式的人际关系与企业氛围的主要动力。此外，共生型组织能够在实际行动中激励与支持创新活动，从而进一步提高对创新产品或服务进行商业化的可能性。当然，更重要的是组织领导者对创新的重视，他们是创新性文化的原始导入和影响因素，他们对创新的态度是促进组织创新力形成的主要因素。

更重要的是，共生型组织具有更自觉的学习心态。创新所带来的是“一切皆有可能”，这就使得我们需要更强的学习力，更加开放地去了解、欣赏与学习；同时，今天的创新更多来源于协作与共生环境，因此更需要我们开放自己，欣赏别人，借鉴和向其他人学习。因为开放学习会带给共生成员集合的智慧，会激荡每一个成员的创造力。共生型组织不仅激励组织成员相互学习，还希望借助于彼此的学习，将创新的血液注入共生系统中，为组织成员提供可持续发展的生命力。

开放学习的心态，还包括对待“失败”的宽容和欣赏，香港大学中国与全球发展研究所副所长肖耿在谈到“新经济跨界”的时候表示，“新常态下，我们更需要容忍失败”。美国工程院院长克莱顿·丹尼尔·牟德（Clayton Daniel Mote）认为，当今世界“拥有热情无疑是最重要的问题，其次是要有独立自主的创新环境，这就意味着必须容忍失败”。

华为是一家非常重视研发投入的企业，将自身的研发能力视为企业持续发展的原动力，将今天的研发投入视为华为明天竞争力的基础。2016 年 12 月，在欧盟委员会发布的“2016 全球企业研发投入排行榜”上，华为研发投入位居中国第一，世界第八。2017 年，华为投入 138 亿美元用于研发，研发支出占总营收的 15%，仅次于亚马逊和谷歌母公司 Alphabet，位列全球第三。华为副董事长徐直军表示，“华为不会过度追求利润，而是要坚定不移加大投入，未来每年将投入 100 亿到 200 亿美元研发费用”。不容忽视的问题是，巨大的研发投入并不意味着必然会带来对等的回报，因为研发以创新为主，创新本来就是试错的过程，创新项目不一定都会成功。华为有很高的容错率，在研究上允许员工犯错，给研究人员创新的时间和空间，倡导员工放手去尝试。任正非认为：“假设一个新研究项目能够做出来，那华为就获得了天才；假设一个新研究项目做不出来，华为就得到了人才。因为能够成功的项目非常少，所以做出来的就是天才。而项目失败的研究人员，经历过失败，知道失败的滋味，同时努力过、奋斗过，所以一定可以更好地总结过去，不重复犯错误，继续前进，这正是公司所要的人才。”

“从泥坑中爬起来的都是圣人，研发要坚持开放与创新，要宽容失败。在研发上，相当大的内容是创新，但创新最大的可能是错误，而不是成功。如果不宽容错误，不宽容从泥坑中爬起来的人，那就是假创新，不是真创新。走对了路升得快，走错了路升得慢，但即使所有人都走对了路，只有你走错了，也不要担忧。只要有后发之劲，就有机会重新起来。”[24] 华为之所以成为一家国际化公司，获得了许多企业望尘莫及的成就，容忍犯错的态度是其主要原因之一。

共生型组织借助开放学习，鼓励组织成员的创新以及组织成员间的创新，同时也保有用开放和包容的心态接纳风险的存在，允许失败的出现。

突破障碍方法三：技术框架下的沟通与共享

对于风靡全球的丰田生产方式，东京大学的藤本先生曾经如此评价：“丰田生产方式的强大之处在于暴露问题，并不断反复地解决问题。这说明丰田生产方式的实质核心是追求革新、勇于创新。丰田汽车永远是创新生产技术领域的第一名。”创新价值的实现，是洞悉顾客潜在需求和持续创新投入的双重努力的结果。“顾客主义”不是一个简单的理念和追求，而是组织将所有的工作和战略转向顾客的一切努力和付出。这种转变需要组织由关注内部成本、内部企业绩效与考核，转向关注外部变化、成长和推进，这个过程进一步导致组织关键要素发生了彻底的改变，其中一个主要的改变就是，组织要把为顾客服务的观念灌输到每一个产品和设计中，更重要的是灌输到每一位成员心中，让所有成员保持一致的追求方向和共同的创新目标。

共生型组织将创新视为一种常态，它们不仅有目的地寻找创新的来源，寻找预示创新成功的表现和征兆，而且能够把创新的工作习惯传递给每一位成员，让创新成为基本的工作形态以及日常的思维习惯。谷歌是一家伟大的创新性公司，这也就意味着公司拥有很多创新性的人才。为了激发员工的创新积极性，谷歌为员工提供了一个让各种创意因素可以自由碰撞、自由生长的环境。谷歌坚持“要创造世界上最令人感到幸福，最能激发生产力的工作场所”。如果要列举世界上最好的办公室，谷歌绝对位列其中。谷歌的整个办公室设计让人觉得还有些匪夷所思，谷歌布达佩斯总部有 SPA（水疗）式设计风格的办公桌，谷歌苏黎世的工程中心有极地冰川微型办公室，谷歌日本东京办公室具有浓厚的日式气息（见图 9–2）……其中最具特色的内部滑梯（见图 9–3），几乎成了谷歌办公室的标志。此外，谷歌在办公室内设置了按摩椅、健身房、游戏区等，把办公室打造成了一个迷你城市，可以满足生活的全部需求。谷歌办公室的空间设计不仅传播了公司文化，还为员工尽情发挥想象力与主动性提供了自由，同时让工作本身成为一种乐趣，增加了员工的工作满意度。

图 9–2　部分谷歌办公室局部图

图片来源：网络

除了为员工提供自由轻松的工作环境，谷歌还非常重视对员工之间技术信息的共享和沟通的引导。谷歌独创了“20% 时间”的工作方式，允许工程师用 20% 的时间自由研究自己喜欢的项目，现在被用户喜爱的谷歌新闻、谷歌地图的交通信息等都是“20% 时间”的产物。“20% 时间”的创新最宝贵的地方不在于由此诞生的新产品或新技能，而在于它不仅鼓励了员工与工作上不常打交道的同事相互合作，还激励员工锻炼新的技能，培养创新的思维，由此培养出更多精干的创意精英。

创意无处不在，谷歌既重视激发公司内部员工的创意，同时也善于利用外部的资源实现突破。“一图在手，走遍天下都不怕”，这张图指的便是谷歌地图。查询方便而又快捷的谷歌地图一经推出，便受到众多用户的青睐，尤其是街景全景图，让用户体验到了全景带来的震撼。但是在最初，谷歌的地理团队绘制地图的时候，世界上并没有非常完备细致的地图。为了更快地搜集地标数据，Map Maker 诞生了，它的出现意味着每个人都可以完善地图，每个人都可以把地理信息标注上去，最终，谷歌工程师核对无误后再把信息完善地绘入地图中。这种创新的做法，汇集了普通人的力量，使问题得到了更高效的解决。

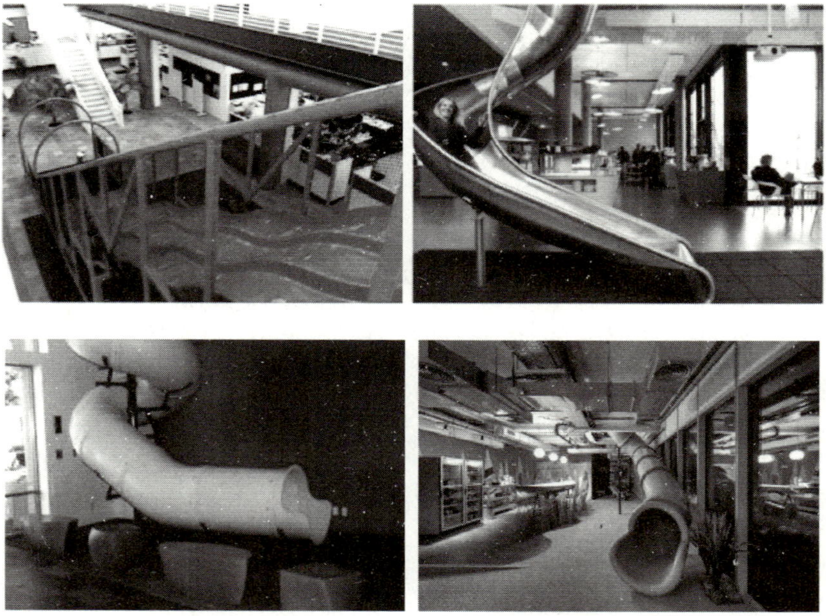

图 9–3　部分谷歌办公室滑梯

图片来源：网络

谷歌在进行全球扩张的时候，需要将网页信息翻译成当地的语言，但是加州的工程师并不擅长进行语言的翻译。解决这个问题最常规的办法是聘请专业人士进行翻译，但是由此产生的费用并不小，而且整个过程也会耗用一定的时间。谷歌并没有选择“最普遍的方法”，而是将问题的解决重点放在了用户这一方。工程师把所有的文本放在了网上，招募志愿者把文字翻译成当地的语言。结果超出了他们的意料，志愿者们不仅在短时间内出色地完成了工作，而且翻译得更符合当地的习俗和习惯。

在技术改变成长的今天，共生型组织借助技术框架来展开沟通与协同，用新的技术方式、新的共享服务模式、新的商业模式实现共生型组织各个成员的成长。当然，不容忽视的是，这是一个艰难的过程，不仅需要敏锐的创新能力，还要设计有效沟通的方式，使得每一个参与的成员可以达成共识。而设计让成员能够使用的技术框架，本身并不是一件容易的事情。令人高兴的是，就如上面介绍的谷歌一样，越来越多的企业已经展开在技术框架下的沟通与共享，并取得了越来越多的协同创新成效。

第十章 “无我”领导

道常无为，而无不为。侯王若能守之，
万物将自化。

——老子

在充满不确定性的市场中，依靠单一的权利来获得相对稳定且绝对附属的组织成员的时代已经一去不复返，员工自主性和个体性的意识日益崛起，几乎没有成员能在领导者独断的权利控制下主动发挥创造力和创新性，更无从谈及与企业相依相伴，将企业的兴衰荣辱与自身的命运联系在一起。从组织间的视角去看，单一企业成长的可能性越来越小，每一个组织都在一个价值网络之中，或者说在一个生态系中，所以，将一家企业的命运与其他共生型组织成员联系在一起，从而形成命运共同体，是一个不得不做出的选择。拉姆·查兰（Ram Charon）曾经表示："面对当今时代的结构性不确定性，要想引领企业走向成功，需要全新的领导力。过去的常规套路已经无法适应当今时代的要求，企业领导者需要彻底改变思路，全面更新自己。"[25]

首先，"无我"的领导者以共生组织整体价值为本，重视每一位共生成员的价值创造，通过赋能与激活充分发挥共生成员的创造性激情，让共生组织成员能够互助成长，共享成就。其次，领导者有广阔的视角和对未来的洞见，敢于挑战灵感世界和现实世界之间的分界线，善于在未来趋势尚不明朗的情况下找准方向，更重要的是，他们帮助共生组织成员构筑梦想的蓝图，并把梦想的力量传递给每位组织成员。同时，领导者还要有能力引领自己所在组织内的员工，用共生组织的价值驱动员工，并协调员工与共生组织达成一致的价值创造，彼此协同工作，最终为顾客创造价值。

环境改变"领导"的定义

最早的时候，在人类的价值观中，自然是不可违背的神，人类屈从于自然。随着人类自身能力的逐渐增强，认识的逐渐丰富，价值观的不停演变，人类对于人与自然的关系的认识发生了改变。人与自然不再是谁从属于谁的关系，也不再是谁主宰谁的关系，而是相互依赖的共生共存关系。在这种改变中，人的价值得到提升和重视，可以预见到，人类的价值观将会继续进行剧烈的演变。“我”如何成为“我们”，“个体价值”如何成为“整体价值”，如何激活创造力并使创造力真正转化成价值，是管理新范式必须要解决的命题。

100 多年以来，发达国家先后进入以雇员为主的社会。在这种体系之下，组织有稳定的结构，员工有明确的分工，组织和员工之间是界限分明的雇佣和被雇佣的关系。正如德鲁克曾经描绘的那样：“20 世纪 50 年代，在大型组织中工作的雇员成为每一个发达国家的主要风景线，如在工厂工作的蓝领工人和管理者，在庞大的政府机构中任职的公务员，在迅猛发展的医院工作的护士，以及在发展得更快的大学中教书的教师……那时大多数人都认为，到 1990 年几乎所有参加工作的人都会是组织的雇员，可能还是大型组织的雇员。”[26] 在传统的雇佣制的组织结构中，员工必须服从组织的心理契约，组织中个体的主动性十分微弱，他们的创造力受到束缚，自主性无法真正发挥，对此，英国社会学家吉登斯（Giddens）认为，“人们采取行动创造社会结构，这些结构通过制度关系和规则限制，制约着人们的社会行动，人们按照原有的结构关系制约自己的行动”。

随着个体价值的提升和重视，这种情况正在发生着颠覆性的改变。技术的进步和完善使得个体获取信息的渠道变得越来越宽，整合资源的速度越来越快，以往需要依赖企业完成的商业行为，现在个体可以独立完成。在个体能力提升的同时，员工的自我认知也发生着显著的改变，个体的价值创造不再依赖于僵化的组织，而是依赖于自己的知识与能力，员工从过去的被动工作逐渐转为现在的主动创造。正如日本管理学大师大前研一所言，日本企业的成功，远不只是靠公司歌曲和终身雇佣制度，而是在企业中重新发现了“人”。

百年的组织理论是从一个组织内部的视角来看领导者的作用，但是今天除了上述技术带来的个体价值改变之外，还有一个改变就是组织绩效由组织外部决定，也就是组织需要协同外部的要素，方可取得绩效或者面对环境的不确定性。这决定了组织边界开放、跨界合作成为必然的选择。因此，这种情形下的领导者需要协同组织外部或者组织之间的效率，领导者的职责范围扩大，从组织内部延展到组织外部、组织之间。

正如德鲁克所说，代表性的公司并不是统计学意义上的大多数。就是说，如果你想了解企业管理的未来趋势，不应该仅仅从具有统计意义的大多数相似企业身上寻找答案，真正的答案往往隐藏在少数非典型企业中。苹果、谷歌、腾讯、京东、淘宝网以及其他互联网企业正在实践着革命性的开放式业务模式，它们也许体现了非统计学意义的代表性，这些企业在开放式业务模式下也许正孕育着企业成长的新方式，构建一种共同成长的平台，也被称为生态网络。

在组织生态理论的研究派别中，学者们以达尔文的自然选择观为基础，将生态学的理论移植到对组织的分析之中，在其研究发展中逐渐融入了经济学、管理学的分析，它是 20 世纪 70 年代以后从社会学发展起来的一种新的组织理论。公认的组织生态学开山之作是迈克尔·哈南（Michael T Hannan）和约翰·弗里曼（John Freeman）在1977年发表的论文《组织种群生态学》。从种群生态学开始，人们开始越来越强调组织与环境之间的密切关系，强调组织与环境的不可分离性，强调组织构建种群或者社群对于单个组织的影响及推进作用。从这些研究中发现，组织的顺利发展取决于它对环境的准确掌握和及时的自身改造，而这些特点都与自然生态系统中生物与环境的关系极为相似。因此，组织的生态化成为研究的热点，出现了生态型组织的概念。[27]

虽然目前生态组织理论还在持续的发展中，但是因此而产生出一个核心问题，就是领导者本身的价值需要从内部转到外部，转到组织种群中。组织种群是基于相似系统工程和生态系统的自然原理，使组织能够按照自然生态系统的机能运作的一种新型组织形式。在这里，组织如同一个生物有机体，多样化企业组织群体具有生物群落的特征，因此需要彼此的协同，相互具有一致的价值取向，达成这一切的驱动力量，就需要全新的领导者角色。

牵引陪伴

领导一个组织集群是一件极具挑战的事情。美国第39任总统吉米·卡特（Jimmy Carter）曾经讲过：“时刻记住你自己有多强大。不要忘记个人的力量能起到很大的作用。牢记这个可能，改变世界，改变社区，改变家庭，改变你自己。”毋庸置疑，领导者个人有着巨大的作用，但是在实践中这种作用常常与权力等同，而权力带来的更多的是领导者的居高临下和唯我独尊，以及日趋严重的等级差异和随之而来的沟通障碍。对此，玛丽·帕克·福列特认为："我们现在更认同个体的价值，管理成为更准确的功能定义，领导者逐渐地被视为这样一个人，他有能力给群体带来活力，懂得如何激励创新，使每个人知道自己的任务。"[28]

福列特进一步定义了权力："权力已经逐渐被视为一个群体的组合能力，我们通过有效联系获取力量，这意味着一些被视为领导的人，他的能力不在于能够施加个人意愿并让其他人追随，而在于如何把不同的意愿联合起来成为群体的内在动力，他必须知道如何创造群体力量，而不是施加个人力量，他必须创建团队。最优秀的领导者并不要求别人为他服务，而是为共同目标服务。最优秀的领导者没有追随者，而是与大家一起奋斗。我们发现如果领导者不常发号施令，而专家不限于建议的工作，下属，包括经理和工人会对领导力做出不同反应。我们希望鼓励合作的态度，而不是服从的态度，只有当我们在为一个如此理解并定义的共同目标奋斗时，才能达到这种效果。"这些对于领导者的明确的定义，重新诠释了领导者的定义，是对传统领导者角色的转变。"无我"领导者摒弃了固化的权利带来的既有概念的桎梏，与员工成为协同共进的伙伴。

激发梦想

2010年，在日本航空公司亏损1.5235万亿日元宣布破产之际，稻盛和夫临危受命，以零薪水出任日本航空公司首席执行官。仅用一年的时间，稻盛和夫带领日本航空公司做到了三个世界第一：利润世界第一，准点率世界第一，服务水平世界第一；仅用424天的时间，帮助日本航空公司实现扭亏为盈，创造了日本航空公司历史上空前的1884亿日元的利润。2012年，“起死回生”的日本航空公司再度在东京证券交易所上市，它的复活，是一个奇迹，这个奇迹背后便是稻盛和夫的经营哲学。正如季羡林先生对稻盛和夫的评价：“根据我七八十年来的观察，既是企业家又是哲学家，一身而二任的人，简直如凤毛麟角，有之自稻盛和夫先生始。”

这位伟大的“企业家兼哲学家”与松下幸之助、盛田昭夫、本田宗一郎并称为日本四大“经营之圣”，他不仅挽救了即将倒闭的日本航空公司，而且创立了京都陶瓷、KDDI两个世界500强企业，这一切成就都与稻盛和夫卓越的管理之道密不可分。稻盛和夫曾经提到过篷马车队的故事，他说：“篷马车队从北美大陆东部出发，以人迹未至的西部大地为目的地，队长负责组织队伍，并经历一次几个月甚至一年以上的大迁徙。但是，那是连地图也没有的、人迹未至的土地。而且篷马车队前行的道路上充满艰难险阻，险峻的山岳和连绵的沙漠阻挡着去路，会遭遇狼群和美洲狮等猛兽的袭击，同时还要同原住民印第安人作战。面对这重重困难而绝不迷失和放弃目标，叱咤激励车队成员，率领团队至目的地，这就是篷马车队队长的任务。”[29]

穿越大陆到达西部是篷马车队共同的梦想，在梦想的指引下，篷马车队队长有非常明确的目标，并且让全体成员把它当成自己的目标，相信目标一定能够实现。同时，篷马车队队长具备梦想赋予的百折不挠的、强烈的使命感，面对路途中的千难万苦。在创建京都陶瓷之初，稻盛和夫就一直向员工传递“我们生产的特殊陶瓷，对于全世界电子产业发展必不可缺，让我们向全世界供货吧，我们要变成京都第一，日本第一，世界第一”的使命，虽然这在当时看来仅仅是缥缈的幻想，但是稻盛和夫依然反复向员工描述这个梦想，并努力获得员工的一致认同，从而成为全体员工的梦想，并且在梦想的召唤下，全体成员共同努力，最终让梦想开花结果。如稻盛和夫所讲：“我在京瓷反复讲‘京瓷总有一天会成为世界第一’，这句话听起来像不切实际的空想，但在我头脑中有清醒的认识，我的远大目标发自内心，同时我也直面现实，认真对待每天的工作，换言之，就是把每天的努力付诸工作，把远大的目标留在心中。只有在设定远大目标的同时坚持一步一个脚印地努力，才能最终迈向成功，实现梦想。”

从挑战出发

英国天文学家普罗科特（Proctor）曾经说过：“一切活动家都是梦想家。”一个优秀的领导者，首先是梦想家，在企业创立之初，他们从一个想法做起，逐渐让想法成为现实。即使他们的梦想听起来不切实际，遭受的都是质疑和误解，他们仍然坚定不移，用一步步的努力把梦想转化为成功的实际。就如英国作家奥斯卡·王尔德（Oscar Wilde）对梦想家的定义：“只能在月光里找到他们的道路，他们受到的惩罚是，他们比世界上其他任何人都更早地看到曙光。”

“无我”的领导者真正的魅力在于不断挑战和突破，在人们的质疑和误解中坚持下去并从中探寻机遇，逐渐让机遇萌芽成为真正让员工、组织甚至社会变得更好的现实。日本企业文化研究专家河野丰弘认为：“新理念、新构想常常是少数人的意见，大多数人是反对的，因此，允许不苟同的人、特异独行的人，强调让有能力的人崭露头角，这种态度实属必要。”

2015 年 1 月，喊着“让自行车回归城市”的摩拜单车正式成立。骑车，这种在过去 20 年被汽车和地铁等逐渐挤走的生活方式，正在回归到人们的生活中。当摩拜单车出现的时候，并没有人意识到它之后对人们生活的影响。而在此之前，几乎每个大城市都有政府招标投放的带车桩的公共自行车，但是使用公共自行车需要办理实物卡，手续相对复杂，而且自行车的借和还必须依赖于特定的还车点和固定的车桩，对人们的出行造成了一定限制，经常看到停车点冷冷清清得放着很多车。摩拜单车恰好解决了这两类麻烦，只需要在手机装载 App 就可以随时使用，即停即取的借用方式恰好符合生活快节奏的人们对简单的追求。

随着城市的不断变大，城市中心的扩散，公共交通网络变得力不从心，即使在地铁方便的北上广等一线城市，站与站之间的平均距离都超过 1.5 公里，地铁之外的公交或步行的方式已经无法完全满足人们的出行需求，交通出行布满痛点。摩拜单车以前所未有的方式解决了用户出行“最后一公里”的问题，改变了人们的生活方式。

先后获得 2016 年度创新成长企业 100 强、2016 年度中国“互联

网 +”十大优秀案例、中国创业企业新苗榜 100 强等奖项的摩拜单车，在 2017 年 6 月完成了一笔超过 6 亿美元的 E 轮融资，由腾讯领投，工银国际、交银国际、TPG、红杉中国等共同投资完成，创下了共享单车行业单笔融资最高纪录。摩拜单车先后登陆中国以及马来西亚、美国、韩国等 9 个国家，在全球布局城市突破 180 座，运营车辆超过 700 万辆，日订单量最高超过 3000 万，注册用户超过 2 亿，这意味着摩拜单车成为全球最大的智能共享单车平台和互联网出行平台。毫无疑问，摩拜单车不仅做到了让自行车回归城市，而且以城市第三大出行方式的创新者的姿态改变着人们的生活方式。相比于做已经被无数人证明过的成功的事情，摩拜单车选择了尝试新鲜的但是可能会失败的事情，最终把一个创新的想法变成了改变人们生活方式的现实，并且带动了一个行业的发展。

领导者真正的创造要跟梦想组合在一起，敢于创造和颠覆，为这个社会创造更多的财富。因此，企业家真正令人敬仰的是，他们可以实实在在地把梦想变成现实，产生真正的价值，进而对社会产生重大的影响。

传达梦想的力量

美国政治活动家亨利 · 基辛格（Henry Kissinger）认为，“领袖的任务就是带领人们从所在之处到达他们从未到达之处。他做了一个远大的决策，树立了一个宏大的愿景，他还要把他的决策和愿景分享给他人，让他人了解到他所做的事业有多么伟大”。“无我”的领导者不仅始终坚信梦想的力量，还会为他的员工、团队、合作伙伴设立一个向上的变化目标，向这些相关成员传达梦想的美好，传递可以实现的信心，通过点燃他们的欲望，让这些成员看到之前不敢想象的可能性，激发之前未曾开发的创造性。

当人们对事物具有很强的欲望时，就会把更多的精力和努力倾注其中。古希腊伟大的哲学家苏格拉底对欲望的力量有过更形象的感知，当苏格拉底的一位学生请教如何能够获得智慧时，苏格拉底笑而不答并把他带到河边，将他的头浸入水中。出于本能，这位学生拼命挣扎，并且在苏格拉底越来越用力压时，他更加奋力地挣扎，最终从水中抬起了头。此时苏格拉底问学生：“刚才你最需要的是什么？”学生回答道：“当然需要空气。”苏格拉底说：“如果你能像刚才需要空气那样有强烈需要智慧的欲望，你就能获得智慧。”强烈的欲望会激发人们心中的伟大力量，促使人们摆脱身边的困扰。正如著名作家拿破仑·希尔（Napoleon Hill）所讲：“欲望是所有成功的起点，不是希望，不是愿望，而是强烈的战胜一切的欲望。如果说梦想是取得成功的蓝图，那么欲望就是取得成功的助推器。”

此外，“无我”的领导者能够通过精神感染，点燃组织成员的激情。乔布斯是一位具有改变他人魅力的优秀领导者。乔布斯经历了苹果公司几十年的起落与兴衰，先后领导和推出了 iMac、iPod、iPhone、iPad 等风靡全球的电子产品，深刻地改变了移动互联网的生态环境，改变了人们的娱乐甚至生活方式。乔布斯坚毅刚强的做事风格，对于简单的极致追求，极具感染力的演讲才能以及宗教般对于顾客体验的维护，都成为创造苹果奇迹的基础，同时也让千千万万在苹果系统平台上成长起来的开发者创造了奇迹。他的“活着就是为了改变世界”的人生价值观，以及禅定的修行，也令他成为引领人们的精神领袖。美国前总统奥巴马盛赞乔布斯，认为“他改变了我们的生活，重新定义了整个世界。乔布斯位列美国最伟大的创新者行列，他勇于以不同方式思考，敢于相信自己能改变世界，足够睿智实现自己的想法。”谷歌董事长埃克里·施密特同样对乔布斯有着极高的评价：“他前所未有地把艺术家的灵感和工程师的远见结合在一起，创造了一个非凡的公司，是美国历史上最伟大的领袖。”

马云同样有着极强的领导者魅力。马云认为：“武侠文化就是要诚信守正、真实无妄，能兼济天下，碰到危机的时候，要有担当，敢出来说什么是对的，什么是错的。”不管是阿里巴巴员工独有的武侠“花名”，还是“孤独九剑”的系统价值观和“六脉神剑”的企业管理方式，马云将“武侠文化”深刻而坚定地影响到了阿里巴巴的每个成员，更重要的是影响了在阿里巴巴所创造的平台上的数以万计的商户和合作伙伴，使他们能够成为互联网时代的弄潮儿。

协同管理

共生型组织领导者的协调者角色，就是要整合所有成员共同工作，能使各组织成员在协同工作上有所突破，获得各组织成员通过协同工作所获得的更高绩效。陈春花与朱丽、徐石等人研究的致远互联的案例[①]，可以很好地说明这一点。致远互联于2002年正式成立，是协同管理软件行业的领导者、协同标准的创建者，其发展历程经历了产品型—生态型—平台型的转化，提出了“协同五环”体系，具体参见图10–1。

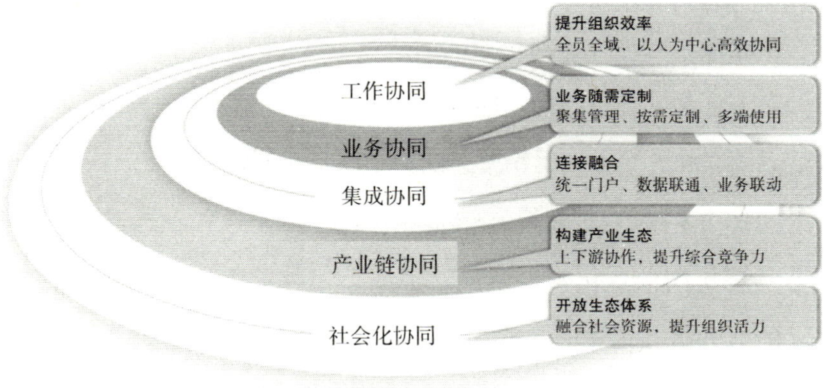

图10–1 “协同五环”体系

资料来源：致远互联协同研究院

第一环是工作协同。企业内部的工作协作，助力企业提升组织效率，加强内部协作，特别是针对中大型组织，如何完成复杂组织形态下的高效协同至关重要。

第二环是业务协同。工作和业务又形成相互的融合，助力企业结合应用场景和业务需求，定制独有的业务应用，并结合用户所在行业，定制各具特色的业务应用场景。

① 陈春虎，朱丽，徐石，刘古权．协同管理价值取向［J］．管理世界，2017年增刊。

第三环是集成协同。助力企业打通信息流、数据流，消除企业信息孤岛，联动企业业务系统，保持企业信息口径统一，辅助企业管理者进行管理决策。

第四环是产业链协同。企业要在生态中完成协作，比如供应链、订单、交易、分享的协作，企业的生态和上下游之间要完成相互协作，由企业“管理”走向企业“运营”。

第五环是社会化协同。通过构建企业信息化生态、整合社会资源、前后系统联动、数据广泛积累，助力企业实现创新营销及创新服务。

2016 年国资委直属及下辖企业，超过百家选择致远互联一体化服务实现集团信息化管理落地。根据公司内部资料，致远互联具有强大的客户规模。第一，在位居世界 500 强的 95 家中国企业中，覆盖中粮集团、中国石油化工股份有限公司等 28 家，占比约 30%；第二，中国 500 强中，覆盖北京建工集团、中国东方航空等约 100 家，占比约 20%；第三，信息化百强企业中，覆盖北汽集团、中国国电集团等 60 余家，占比约 60%；第四，上市公司覆盖飞鹤等 100 余家。在市场表现方面，2005—2016 年连续 12 年客户总量第一，逾 45000 家客户，500 万移动用户量。2004—2016 年连续 13 年用户满意度第一。[①]2009—2016 年连续 8 年销售增长率第一。

只要技术在推动，一切不可能都会变得可能。致远协同研究院在 2013 年对应用协同软件实施企业进行调研，结果显示，可以从沟通

① 数据来源：CCW（计世网）、中国质量协会用户委员会。

效率、组织学习效率等多方面提升管理效率（具体见图 10–2）。外部环境需要集合更多的智慧才可以应对，而协同软件的实践为我们深入研究激活个体、集合智慧的可视化、流程可追溯、过程可衡量提供了可能，并对以较高的价值创造应对数字化带来的复杂性和不确定性提供了企业实践经验借鉴。

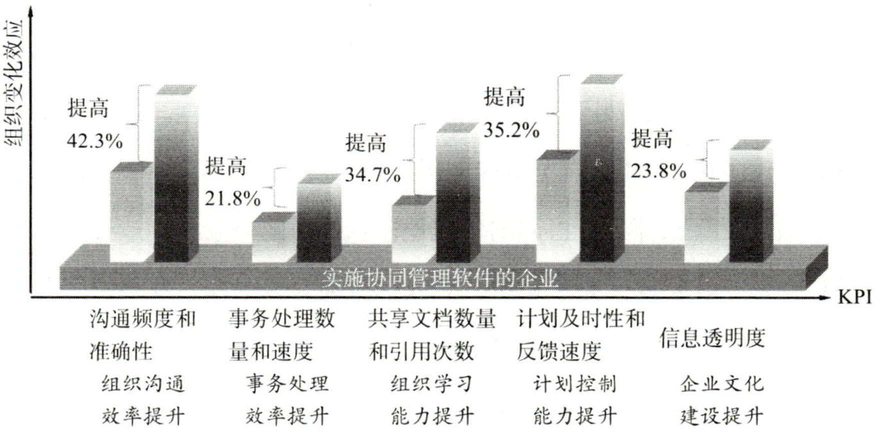

图 10–2 协同软件实施企业的组织变化效应

资料来源：致远互联协同研究院，2013。样本量：2284（含大中型企业、政府部门等）

今天已经不再是产品和产品、企业和企业之间的竞争，而是价值链和价值链之间的竞争，而共享价值链已经成为当今战略的基本出发点。整个价值链的竞争能力，决定了价值链上企业的竞争能力。价值链的关键环节承载着协作企业间的价值创造等活动，只有对不同价值链环节进行深入分析，才能凸显协同管理的价值取向。因此，“协同管理”的高效价值创造，需要从价值链切入进行研究。我们从价值预期、价值创造、价值评价和价值分配，相对应协同管理的四个环节——协同价值预期、协同价值创造、协同价值评价、协同价值分配，分环节进行价值取向分析和归纳。

第一步，协同管理的协同预期。在协同管理的四个环节中，价值预期是协同开展的前提。通过证据示例和归纳得出，具体分为三种策略：价值观统一策略、协同期望管理策略、协同互补策略。在价值观统一策略中，协同主体间能达成合作意向的关键，是有良好的价值创造预期，“在企业合作中最高的是价值观和文化的协同”，价值统一会降低沟通成本，实现心心相通，决定协同双方能一起走多远。在协同期望管理策略中，“当有了协同期望以后组织就产生了连接”，通过各种有效途径让伙伴了解协同的价值点，以及协同对象能创造什么样的价值增值。在协同互补策略中，要找到协同双方的互补项，协同双方明确各自的价值互补点。该阶段的关键落脚点是建立有效协同连接，为后一阶段协同价值创造奠定基础。结合东方智慧，“精诚所至，金石为开”，是保证协同预期产生的心心相连的关键。

第二步，协同管理的协同创造。在协同管理的四个环节中，价值创造是协同的核心。通过我们的研究得出四种策略：“以人为中心”策略、价值点衔接策略、目标嵌套策略、集合智慧策略。在“以人为中心”策略中，协同的实施主体最终还是人，因此协同要基于人为主体才能真正有效果。在价值点衔接策略中，协同运行策略可实现价值链的重新衔接，从而实现多方面的价值整合，创造具有较强竞争优势的价值链。在目标嵌套策略中，最佳状态是战略目标转成组织行为，个体行为集合可达到组织的目标。在集合智慧策略方面，其实协同本身也是客户和厂商协同的过程。

第三步，协同管理的协同评价。在协同管理的四个环节中，协同评价是承接协同过程、开启协同分配的基础。我们得出三种策略：协同激励策略、双向价值创造策略、激活个体策略。在协同激励策略中，激励政策的设计尽可能关注到不同的需求，无论对组织成员的各个环节，都在价值评价环节给予特殊的关爱。在双向价值创造策略中，从降低成本和提高收入双向实现价值创造。在激活个体策略中，用户个体被激活，就是要体现在充分重视个体价值的支持上。彼此建立信任，让协同评价与成就获得相契合。

第四步，协同管理的协同分配。在协同管理的四个环节中，协同分配是协同整个过程的结束，也是下一个协同过程能否持续的关键。我们研究得出三种策略：协同价值显性化策略、协同追踪控制策略、协同溢价分配策略。首先，协同价值显性化策略，可以让协同效果真实可见，野中郁次郎和竹内弘高提出的隐性知识与显性知识的螺旋式模型中，包含知识外化的阶段。协同软件可以实现将非编码的知识编码化，使得隐性知识显性化为企业共有知识并传递，是协同内外隐性知识的有效途径，也为价值显性化提供了技术和知识基础。其次，协同追踪控制策略，可以让协同过程可追溯、可监管、可控制，从而为后续协同主体间的价值分配提供证据。最后，协同溢价分配策略是对协同溢价的最终分配，是整个协同过程的终结，是对协同溢价归宿的确立阶段，是协同分配的关键。

有关协同管理的持续研究，让我们得出以上策略，而隐含在其中的最核心的部分是协同管理的价值取向，我们结合东方智慧，得出的结论是“诚、利、信、不争”五字箴言，这五字作为“协同管理”价值取向，为企业价值观和文化确立及调整提供借鉴。

协助赋能

在某种程度上，“无我”的领导者一定是以帮助成员成长作为自己的首要责任的。领导者真正的创造要与成员在一起，帮助成员成长与成功，让成员可是创造出更大的价值。因此，“无我”领导者真正令人敬仰的是，他们可以实实在在地把组织成员的梦想变成真正的现实，产生真正的价值，进而对社会产生重大的影响。

赋能个体

重视共生组织成员的个体价值是共生型组织改变的基础，其背后是“无我”的领导者带来的“组织下沉”，组织的权利和地位得到沉淀，每个成员被赋能，价值创造的主角变成了共生组织的每一位成员。“高度的活力也许并不要求渗透进草根阶层，政府内外的精英人士也许足以催生实现理想的创新效率所必需的活力。然而这种自上而下的方式还没有成功过，而且难度肯定会更大，因为它抛弃了焕发经济活力所需的最重要的资源：两个脑袋比一个脑袋好使，100 万个有创造力的头脑肯定强于 50 万个或者 25 万个（缺乏创造力的）。”[30] 虽然诺贝尔经济学奖获得者埃德蒙·菲尔普斯（Edmund Phelps）阐述的是对国家经济发展的评价，但是在组织中这种价值关系仍然成立。

德鲁克曾经讲过，管理就是激发善意。在共生型组织中，这一点显得尤为重要。“无我”的领导者不仅为共生型组织成员的自我激发提供了理由，还为其导入了催化剂。在此过程中，领导者由控制者转变为赋能者，通过激起组织成员自己的动力，激发持续的创造力，让组织成员的自主性、创造性和灵活性更好地与共生型组织进行了匹配。

新制度经济学家把机会主义作为交易费用经济学的重要行为假定之一。这一假定实际上是对新古典利己主义理性人假定的自然延伸，它是理性人寻利动机的自然结果。1985 年，威廉姆森将机会主义定义为：“欺诈地追寻自我利益。它包括但不限于一些明显的形式，比如说谎、偷窃与欺骗。机会主义通常更多地涉及微妙的复杂的欺骗形式。更一般的是，机会主义指不完全或扭曲的信息揭示，尤其是有目的误导、歪曲、含糊其辞或其他形式的混淆，它导致真实的或人为的信息不对称。”到 1999 年，克莱因则认为机会主义不一定建立在信息不对称或欺骗行为基础上，它是与资产的专用性和未来的不确定性相联系，克莱因虽未明确指出，但是暗含着机会主义不是先验的，而是理性人在复杂的不确定的交易中遵循寻利逻辑的结果。同一年，杨小凯和黄有光在对人类行为进行分类之后，提出了类似的观点，即机会主义是人们在追求自利的行为交互作用中产生的一种对策行为，“不惜损人，只要利己，此种行为被称为机会主义对策行为”。

从对机会主义的经济学分析来看，共生型组织强调“无我”领导的重要性更加彰显出来。共生型组织成员之间需要建立真正的信任和长期合作的关系，要确信成员彼此可以赋能，并得到更高的绩效。

从 2015 年开始，碧桂园的高速增长引发了人们的关注，大部分的分析认为，一路高歌猛进的碧桂园，是把赋能员工作为管理工作的重点。“成就共享”和“同心共享”的人才激励机制便是因其而创建，它通过让碧桂园员工入股项目，跟投获益，得到超额利润分红。在碧桂园看来，“同心共享将员工的利益与本公司的利益统一起来，这种共担盈亏的做法，一方面有利于项目更积极控制运营成本，共同提升本集团利润率和投资回报率；另一方面，也让员工更进一步体会到家的企业文化，与本公司共同成长与发展”。的确，赋能于碧桂园的组织内部的员工，是碧桂园高速增长的核心驱动力量，但是，我更愿意扩大视野，去看围绕着碧桂园的整个生态系统，是因为整个系统效率大幅度提升，才会有碧桂园的高速发展。所以，当我们看到在集团创始人杨国强的带动下，碧桂园在集团把控大方向的前提下，把营销费率、定价权等权利赋予区域，以保证区域在营销领域的灵活性的时候，那些不断下放权力，不断授权给区域，不仅充分调动了员工的积极性，更是调动了整个上下游的合作伙伴，甚至包括所在区域的地方政府，碧桂园赋能员工和产业链合作伙伴，以及所在区域的绩效和发展，反过来这些合作伙伴协同碧桂园的发展速度，使得碧桂园在 2017 年实现了营收 2269 亿元的业绩。在高速发展的中国房地产市场，碧桂园毫无疑问扮演了极为独特的角色。

赋能于各组织成员，是“无我”的领导者超越传统领导者运作方式的重要表现。通过赋能，领导者整合团队智慧以迅速对复杂多变的外部环境做出反应。更重要的是，组织成员的内在动力获得了持续激发。

IBM 第二代总裁小托马斯·沃森（Thomas Watson）谈到 IBM 的成功时讲道：“IBM 经营哲学的大部分都集中在其三个简单的信条当中，我要从我认为最重要的那一条说起，那就是，我们对每个人都要尊重。尽管这只是一个很简单的理念，但 IBM 为了实现这条理念，确实耗费了大部分的管理时间，我们在此投入了比做其他任何事情都要多的精力。我们的几乎每一种鼓励措施都是用来激发人们的热情的，我们早先强调人际关系并非受利他主义的影响，而是出于一条简单的信条——如果我们尊重员工，而且帮助他们自尊，这将会使公司的利润实现最大化。”[31] 小托马斯·沃森的观点尤其适合在共生型组织成员中借鉴，当我们尊重每一个组织成员的时候，希望获得尊重的需求就会呈现并严重影响人们的行为。尊重组织成员不仅是组织成员的本质需求，还是共生型组织促进组织成员之间协同，最终让组织成员个体价值凝聚为集体智慧的关键。

对于组织成员而言，他们如同一位舞者，期望有一个好的舞台，尽情发挥，从而让更多人欣赏到他们的舞姿，让更多人为他们鼓掌。微信的设计者张小龙很清楚这一点，在微信这个产品上，你可以感受到微信对于微信平台上的每一个成员的尊重与赋能。微信相信，只有真正面向顾客、离顾客最近的人，才是最了解顾客的人，才能够做出最正确的判断。所以微信赋予了开发者很大的自主权，而唯一能够评价大家的是顾客，微信不做评价者。这种以顾客作为核心点的技术平台，正在让越来越多的人集合其上。

研究海尔，也让我们更深感受到“无我”领导的魅力。海尔提出了“人人是创客”的改革理念，把6万多名员工转变为2000多个自主经营的团体，并且为自主经营体提供了平台和资源的支持，让他们拥有运营的自主权和选择权，每个平台成员的创造力得到尊重，每个人有责任和权利为创新性的想法买单。此时的海尔，已经不是简单的员工与企业的关系，而是创造了一个巨大的平台，让更多的人可以参与进来，成为一个“创业者”共生体。海尔所提供的发展平台，后台制造的支撑，前端渠道与品牌的支撑，使得超过3万个创业单元在海尔平台上得以蓬勃发展。

彼此加持

形成命运共同体的协同关系不仅体现在组织之间，还表现为组织和员工的利益与共。2017年2月，顺丰控股在深圳证券交易所举行更名敲钟仪式，顺丰成为当天深交所市值最大的公司，总市值超过了在A股上市的圆通、申通、韵达等三家快递公司的市值总和，在民营快递行业一枝独秀。这家成立于广东顺德的企业，经过20年的筚路蓝缕，现在已经发展成为业务覆盖全球的成熟企业，其背后是几十万员工和企业的共同努力。总裁王卫一直坚信基层员工是顺丰之本，并且认为“对于管理几十万人的公司，我没有特别独到之处，只是将管理回归到人性的本质上。员工需要什么，就给员工什么。”王卫给予员工家人般的关心，与员工共同分享企业的成就。在顺丰成功上市并且屡次突破市值巅峰的时候，王卫希望和员工分享财富，他不仅让普通员工参与到上市仪式中，更将40万元的红包发放给所有员工。

腾讯在与员工的关系打造方面做出的努力，同样令人赞叹。马化腾曾经表示，每个人都有巨大的无穷性，每件事都有巨大的无穷性，每个当下都有巨大的无穷性，灰度意味着保持空灵性，时刻贴近无穷尽变化的用户需求，顺势而为，成就沉静力和创生力。由此出发，马化腾的思考点不再单纯地聚焦于利润和利益，而是从更宽的视野中看到互联网生态中的和谐共生与命运共同。

提起几米，很多人想到的是他的作品:《向左走，向右走》《月亮忘记了》《地下铁》《我不是完美的小孩》……几米利用浓厚的“几米风”，开创了一种成人绘本的风格。而现在，消费者可以接触到的已经不局限于几米的绘本作品，从文具礼品到饰品包袋再到家居，“几米”已经从单纯的绘本作品跨到各种行业的周边商品，成为一个综合的文化品牌。在这背后，是一家名为墨色国际股份有限公司的全力打造。该公司成立于2000年，经过十几年的发展，经历了品牌建立、品牌管理和品牌生根三个阶段，发展成了一家成熟的企业。与其他品牌一样，墨色国际在发展的过程中也经历了最艰难的品牌起步阶段。成立之初，公司的唯一资产是几米的作品，不但形式单一，而且资金短缺，技术匮乏。面对这些问题，墨色国际选择的是异业合作。将几米作品与其他产品进行结合，是几米品牌运作的第一步。当某一企业有新品上市，需要几米作品阐释其文化内涵、锁定目标消费群时，几米便与其展开合作。几米与明基合作，通过几米图像作品及由此延伸的艺术活动，充分展现明基科技与产品的魅力；几米与星巴克合作，通过几米创作的图像世界，传达星巴克的品牌精神；几米作品和茵曼春季新品“听见大自然”系列进行深度合作，使双方品牌都更具有创造性和立体感，在消费者中形成了非常高的口碑反馈。利用这些契机，几米作品获得了多次与受众接触的机会，不仅迅速地扩大了几米作品的受众面，还成为墨色国际运营的资金来源之一。

共生组织成员间，以及成员组织及其员工间共同创造价值，彼此加持是关键。小米提出的利益透明分享，海尔提出的超值分享，都是通过利益共享让员工和合作伙伴体会到自身的付出对组织带来的价值，进而调动成员的创造积极性，使成员的利益和整体组织的发展更加紧密地联系到一起，实现组织的持续发展，分享财富本身成为彼此加持的构成部分。

互助成长

共生型组织管理是一种基于互助成长的新模式，“无我”的领导者帮助组织成员看到未来，强调组织成员的成长，在组织成员心中播种自我超越的“种子”，影响组织成员的思想意识和价值观念，让组织成员有能力创造未来。在这个过程中，领导者会不断鼓励组织成员积累知识和经验，为共生组织成员提供内部分享或外部培养的机会，让组织成员自身不断提高和优化，增强面对环境挑战的主动性。

在阅读哈佛商业评论案例库的时候，其中一个案例给了我们很大的帮助，这个案例介绍的是客户信息管理分析公司 Salesforce.com 和荷兰电器巨头飞利浦（Philips）合作所取得的成效。

飞利浦公司利用 Salesforce 的软件来加强客户关系。在合作过程中，他们发现了一个很有意思的话题：既然 Salesforce 公司知道如何处理客户关系管理（CRM）数据，那么这套数据系统是否能够管理那些由飞利浦设备治疗过的 19 亿病人的临床数据呢？

这个问题被提出来后，两家公司决定搭建一个平台，将医护人员、保险公司和病人联系起来，并通过平台提供临床监测信息。这个平台被命名为“飞利浦数字卫生套件平台”（The Philips Digital Health Suite Platform），它能收集并分析医疗器械得出的数据，帮助医疗专业人员做出更好的临床决策，同时也帮助病人更加主动地参与并管理个人的健康问题。

在这个平台共识的框架下，双方开发了两项应用——“电子保健指南”（e–Care Companion）和“电子保健协调器”（e–Care Coordinator）。病人可以将电子保健指南安装在智能手机（或平板电脑）上，并与个人健康监控设备相连，如体重秤、药物分发器、血氧测量设备和体温计，借助这些设备，病人的相关数据都会被不断地上传到平台中。之后电子保健协调器会分析这些数据。

那么，飞利浦公司和 Salesforce 公司是如何说服医院使用这个平台的呢？医院又如何确信这个系统值得信赖并且能节约成本？这就是飞利浦与荷兰内梅亨大学医学中心（Radboud University Medical Center）形成的同盟所起的作用了。这两个合作伙伴共同研发和测试新设备，其中包括能为数字卫生平台收集病人数据的可穿戴设备。飞利浦公司、Salesforce 和内梅亨医院的三方合作为将来与更多公司的合作打下了良好基础。

这次创新的成功归功于飞利浦公司管理联盟的方法。飞利浦公司建立了一个联盟管理办公室，它由一小队专业人员组成，旨在帮助飞利浦高层协调与每个联盟的关系。这个团队负责与 Salesforce 公司及内梅亨医疗中心洽谈合同，在关键绩效指标上取得统一意见，并评估合作伙伴关于联盟进展的意见。他们也负责管理常规会议，会上飞利浦公司负责 Salesforce 联盟方面的主管可以了解内梅亨医疗中心联盟进展如何，反之亦然。

从上述案例中我们可以学到两点：第一，这个联盟所释放出来的顾客价值是任何一家公司都无法独立做到的。第二，在公司内部建立团队来协同这个联盟网络，尤其要重视彼此信息的分享以及相互的信任，一定要站在联盟整体价值的角度去做出努力，而不是站在企业自身的立场来展开工作，也就是必须“无我”。[32]

共生型组织领导者的协助者角色，就是领导者能够赋能给组织成员，以协助每一个组织成员展开工作并取得绩效，协助者就是要帮助各组织成员培养对于共生系统的了解能力。组织管理重在让一个庞大而复杂的合作体系正常运作，体系中的个体不仅代表组织和组织成员本身，更代表了任何与组织有关联的组织和个体。这就意味着，互通互联凸显的现在，组织的平稳发展需要多个组织与个体的协作和配合，进而完成一系列活动。因此，共生型组织领导者要成为一个协助者，让组织成员能够彼此加持，共同成长。

未来：融合生活与驱动人类进步会是下一篇章

“美好生活”的概念（或理念）起源于亚里士多德，它指的是人们在拥有某些生活必需品（如食物和住房）之后，经过深思熟虑会选择的生活方式。美好生活不是实现其他目的的手段，它本身就是人们追求的目标（为生活而生活）。

——埃德蒙·菲尔普斯

（Edmund Phelps）

商业让生活更美好

在一切被纳入可持续发展框架的今天，企业对于商业的认知也在进行着调整。过去，商业是让消费者购买更多的产品或服务；今天，商业成为消费者对美好生活追求的一部分。过去，人们崇尚“越多越好”的理念；今天，“适当就好”的理性消费观逐渐成为引导人们消费的主要因素。因此，商业的真正意义不再是单纯地销售产品，而成为企业能不能为消费者提供美好生活的解决方案，并且，与商业不可分离的技术本身没有意义，但是当它可以为人们拓展生活可能性时，就因为被赋予了生活的美好而变得意义非凡。

未来企业在技术驱动及渴望创新的全球文化背景下，科技将成为公司转型成长的主要驱动力，依赖成熟的科技，几乎所有公司都会向技术公司转型，获得更高的效率、更低的成本以及更长久的发展。尽管每个公司都是技术公司，但是新趋势要求企业关注得更多。正如乔布斯所讲，“光有技术是远远不够的，唯有将艺术的光辉和人性的特点考虑进去，我们才能真正感知到技术给生活带来的改变，也只有把人视作我们一切工作的出发点，这一切的努力才有意义，我们所创造的产品才有意义”。技术改变未来，但是在越来越多领域被机器取代的同时，企业应当将决胜的支点置于情感、心理、艺术等代表人类特有文化的领域，手工制品、软木雕刻、绘画、音乐、服装等具有工匠精神的人类艺术，将有机会渗入到创新领域的科技行业，真正让技术辅助传统行业，推动传统行业更好地表达人类感知以及人类精神世界。

此外，为了更好地利用资源，新的企业架构将应运而生，“无为而治”将可能最大限度地为共生型组织激发整体智慧。组织结构将以资源更有效配置为导向进行调整，实时分散的网络化结构，建立起每个成员都可以发挥自己的主动性，以切实满足终端用户需求的动态结构。企业间的交流变得更透明和直接，共享取代个体利益成为企业关注的重点，更重要的是，企业将鼓励更直接、更有效地与终端用户一起创造价值。围绕用户需求开展一切活动，这是企业永恒不变的信仰。

可以看到，无论是阿里巴巴、百度、腾讯，还是华为、海尔、美的，中国企业开始以其品牌的力量俘获终端消费者的内心，它们对世界、对人类甚至对未来产生的影响使得它们功勋卓著，成就斐然。但这些只是表象，它们还有更为深层的共性，这些共性根植于消费者对美好生活的向往，根植于帮助消费者更幸福地生活。

正如著名哲学家怀特海（Whitehead）所讲，“人类的生活是建立在技术、科学、艺术和宗教之上的”。在生活和商业之间找到最佳匹配模式的企业，将获得持久发展的机会。中国陶瓷的巅峰之作——宋瓷，既秉持了宋人的“天工与清新，疏淡含精匀”的原则，又形成了“典雅静谧、含蓄柔婉”的独特气韵，它将宋代浓厚的人文气息与自然中的物性、趣味性和思想性融合上升到透彻的哲学高度，风姿历经千年而不衰。IBM的“深蓝”，一直在解决人类“思考”的问题；立顿，传达的是光明、活力和自然美好的乐趣；哈根达斯，“爱她，就带她去哈根达斯”，营造了深情款款的意蕴；乔布斯认为“生活，是残缺的艺术”，但他的设计却可以让生活趋于完美。从这所有的努力中都可以看到，最好的商业是凝聚生活的志趣，最好的产品是为消费者提供一份美好的选择，这份选择让消费者感到惊喜和爱。商业融合生活，才会创造无限的未来。

商业让世界更美好

无论是苹果、脸谱网、亚马逊，还是腾讯、阿里巴巴、华为，这些超大型企业的远见与野心，决心与执着，活力与创新，深刻影响着人们的生活，影响着整个世界，甚至人类的未来。当大公司崛起，拥有与新创企业一样的热情与挑战力的时候，世界也会为之而改变。

而最让人惊喜的是，在这些崛起的大公司中，我们看到越来越多的中国企业的身影。得益于之前经济的高速发展，中国正在涌现一批活跃、受教育程度较高的年轻人并成为社会的中坚力量。与父辈不同，不再担心温饱问题的他们逐渐将目光转向生活品质的提高，这为后续兴起的由互联网革命带来的各类产业经济培植了土壤。他们开始创造出除了自身价值之外的更广阔的商业想象空间，甚至直接撼动了被垄断多年的资源性传统行业。无论是阿里、百度、腾讯还是华为、海尔、美的，中国企业开始以其品牌真正出现在终端消费者内心，这些企业代表的共性非常显著，即为追求更美好生活向往所带来的价值。

由于美好生活的定义不再局限于产品的使用功能，而更倾向于实现美好向往，使得需求不再局限在原有的市场领域，而是非常可能极速地创造出新需求、新市场；人们不再仅仅追求产品带来的同质化生活，而是开始追求个体满足感和过程体验感。这些年最打动中国消费者的不再是解决家庭生活便利的消费品，而是追求满足购物过程的极速、分享和娱乐。由于中国消费者个体数量在世界市场占有重大份额，也因此无论是中文语义还是中国文化元素以及中国人的个性体验，开始成为市场开发者的关注焦点。可以这样说，中国正在崛起的世界 500 强企业开始引领世界，因为它们更了解并代表着有消费能力的大多数人的感知，也因此更具备创造新市场的能力；它们有能力离开已有竞争者的红海市场而再创造出一个解决某个需求的巨大蓝海；更重要的是，它们本身的终端个体市场的份额即代表了充足的生长空间。

这些企业更具有迅速形成市场并占领市场的能力。或许管理学的很多定义将被它们改写，竞争理论不再有效存在，人类近距离和远距离的分享价值被这些企业淋漓尽致地研究：也许诸如人工智能、无人驾驶、大数据等研究不是发源于中国，而一旦中国企业开始这些领域的研究，它们将代表绝大多数的应用需求，个体的集聚效应让更多的关联研究不得不以中国作为基地。因此我们认为，正在崛起的世界 500 强企业已经代表着人类知识的更广泛的研究，代表着更具效率的非竞争领域的实践，代表着人类个性感知的更具价值的实现。

在越来越多领域被机器取代的同时，情感、心理、艺术等代表人类特有文化和因素的领域将成为企业生命力的支点。手工制品、软木雕刻、绘画、音乐、服装等具有工匠代表能力的人类艺术，将渗入到创新领域的科技行业，比如传统的跑步机可以分别在共享、音乐等领域开展新的尝试，在手持终端可以搜索到身边共享的健身设备、教练，一旦开始枯燥的锻炼，就有经过运动与音乐关联的数据为运动者提供适合健身场景的音乐辅助。在进行类似跑步和快走这样的锻炼时，听巴洛克和古典主义的作品最容易进入状态，特别是莫扎特的器乐协奏曲的快乐章，稳定、简洁、快速的节奏对于呼吸和步伐有着绝佳的带动作用。这些工作想到并不难，而重要的是这样的关注度让传统行业开始关注人类感知、精神世界等人类智慧。

要知道，人类文明发源之一的中国在被殖民统治的时期之前是具有空前智慧的，而这些智慧被长久封存；在经历同步于世界的互联网革命时代的改革开放后，这些智慧或许有能力被深度激发，甚至在未来继续主导人类文明。可以想象，中国消费者逐渐开始对中国企业的认知度无限依赖和衍生，这些消费者将推动中国企业走向创新，将义不容辞地承担更有意义的应用。我们深切地期待这些中国 500 强公司可以改变当下的中国式早期教育，为下一代人提供成为未来创新力量新一代的机会。可以这样理解，这些世界 500 强企业将在一段时间内开始主导技术创新，与此同时，它们的管理方式将被研究解剖并期待广泛复制；近距离和远距离的中国式消费者将成为不断驱动和实践创新的体验者。

这些企业在技术驱动及渴望创新的全球文化背景下，未来有一些可以预见的特征。几乎每个公司都是技术公司，例如传统的汽车制造商会用行车数据来研究驾驶习惯，改善设计和服务；线下零售商会借助技术手段观察和记录更多的顾客行为来提升自己的竞争力。尽管每个公司都是技术公司，新趋势要求设计师关注得更多，只有用设计引导情感的技术公司才能脱颖而出。

这些公司的未来极有可能创造新的组织架构，为了更好地利用各地资源，“无为而治”可能可以最大限度地为未来组织发挥整体智慧。组织结构可能变成围绕资源更有效配置的结果导向的结构，实时分散的网络化结构，建立起一个每个人都可以发挥自己的企业；每个人都可能同时处在不同的岗位，一切根据终端用户的切实需求动态调整；组织间的交流变得更透明，利益不再是追逐的主要内容，可共享资源变得比每个订单的具体盈利更重要；这些公司也将推动更直接有效地与终端用户或者顾客一起创造价值；只有更开放式的组织才能更有效地围绕终端用户需求，才更能达到未来人们对个性需求的满足度。

随着人类智慧被提炼和产品化发展，这些公司的表现将说明未来趋势中富有人类精神的创造比制造重要得多，即使市场每天都在发生翻天覆地的变化，大公司要有能力确认自己真正拥有用户，确认自己究竟为用户创造了什么样的价值。大公司会变得更脆弱，没有谁能够基业永固。比如当特斯拉出现，大众、奔驰、丰田、通用、福特等传统汽车巨头一定会面临更多创新的挑战，新能源技术的发展和信息技术革命让汽车行业出现颠覆性创造的可能大大增加，所以未来当我们再听闻某个汽车品牌倒下的时候，原因可能不是经济问题，而是出现了新的竞争对手。

站在新起点

普拉哈拉德（C. K. Prahalad）和哈默（G. Hamel）认为，“核心竞争力是企业竞争力中那些最基本的能使整个企业保持长期稳定的竞争优势、获得稳定超额利润的竞争力，是将技能资产和运作机制有机融合的企业自身组织能力，是企业推行内部管理性战略和外部交易性战略的结果”。[33]如果按照二位学者对核心竞争力的界定，核心竞争力注重强调竞争优势，对竞争对手而言，只要企业具有较高的进入壁垒，即可获得较长久的竞争优势。

然而，自从数字时代拉开帷幕，互联网技术高速发展以来，核心竞争力已经无法形成壁垒。跨界竞争带来的无形壁垒往往迅速形成，导致核心竞争力不攻自破。因此，核心竞争力已经不再是企业基业长青的根本，企业原有的长期获得竞争优势的能力，已经无法经受起时间的考验。与此同时，环境变得越来越不确定，价值创造日益艰难，用户越发趋于年轻化，虽然企业能察觉到这些因素独立发展的趋势，却难以想象这些趋势相互碰撞和相互作用的结果，更无从知晓因此而创造出的经济和商业新环境的截然不同程度。企业的生长变得越来越复杂，预测未来成为一件奢侈的事情，而创造未来成为企业新的命题，在新命题下，商业系统需要重新架构。

处在商业系统重构的今天，无论是中国企业，还是世界其他国家的企业，重新站在了同一个起跑线上。这意味着企业之间不再存在跟随，也不会发生弯道超车。相同的起跑线上，所有的企业重新出发，这对在以往与传统强国企业的竞争中处于弱势地位的中国企业而言，无疑是最好的机遇。

站在这个时代最好的机遇点上，中国企业需要昂首走出一条全新的道路，而这条道路便是“中国智慧和中国方案”。可以看到，在这条道路上越来越多的中国企业在向前奔跑。2017 年 4 月，在全球最大的财经咨询公司彭博社公布的全球上市公司市值排行榜中，腾讯依然位居前十，且与前一位企业的市值差距逐渐缩小，阿里巴巴也依靠上升态势首次跻身前十。中国企业不仅做到了过去不可企及的事情，而且是以极快的速度达到的，可见中国企业具有展开新一轮全球竞争的优势，发展潜力十分巨大。此外，在 2017 年的《财富》500 强排行榜中，已经出现了 115 家中国的企业，中美世界 500 强上榜公司的数量差距在继续缩小，无论是以国家电网公司为代表的国有企业，还是以中国平安保险股份有限公司为代表的民营企业，都在新的起点上奋力前行，在淋漓尽致地彰显着它们的中国力量。

诺贝尔经济学奖获奖者埃德蒙·菲尔普斯（Edmund Phelps）在《大繁荣》一书中表示，纵观整个历史的繁荣进程，无论是 19 世纪 20 年代的英国，还是 20 世纪 60 年代的美国，繁荣最重要的一个驱动力量是社会上出现了广泛的自主创新，这是驱动社会进步的真正力量。对此，彼得·德鲁克有着同样的观点，他认为，“美国之所以可以持续繁荣，甚至超越了所有经济学家对美国经济周期的预测，最根本的原因在于美国出现了真正的企业家经济，一个经济史上最具深远意义和最鼓舞人心的事件”。这成为德鲁克对企业家精神和创新精神最重要的观点。即使中国企业过去经历的更多的是跟随和模仿，现在也处在了重要的时代机遇点。不管是环境带来的机遇，还是技术带来的优势，企业始终需要秉持创新精神，创新精神的驱动使得数据、协同、智能等全新的生产力要素高效地组合在一起，促使整个商业系统发生了翻天覆地的改变。创新是保持企业持续发展的最好方法，企业只有不断地创新价值，不断地创新求变，才能够有机会把握住时代为中国企业的腾飞带来的难得机会。

可以惊喜地看到，不管是高铁、扫码支付、共享单车和网购引领的“新四大发明”对全世界用户带来的改变，还是 500 米口径球面射电望远镜（FAST）、大疆无人机等优秀产品产生的全球范围的影响，中国企业不仅在规模和市值方面有了突破，而且正在依靠科技的力量创造全新的价值，这些价值与人类所追寻的美好生活息息相关。中国品牌有了更高的确信度，赢得了越来越多中国消费者乃至世界消费者的依赖，中国企业也有了更多的力量走向世界的舞台，走向未来的舞台。

致 谢

本书是我与合作者赵海然多年坚持思考和研究的辛苦所得，如果没有她，本书无法完成。从 2003 年开始，海然进入我的研究团队，在持续合作的过程中，我们以各自不同的技能、背景知识和视角，相互激荡，启迪碰撞，才有了源源不断的产出，包括这本书。

海然是我在华南理工大学的学生，她拥有在大企业系统中工作的履历，也在多年前开始创业并获得成功，然后进入政府和民生生活管理信息化及大数据领域。正是这些实践经历，让我们对于中国本土企业持续发展的很多问题和特点都有着非常契合的理解，以及相互的补充，当我决定展开中国企业成长模式研究的时候，很幸运有海然加入，并持续合作。

2016 年对我也是一个特殊的年份，这一年我从新希望六和联席董事长兼首席执行官的职位上届满卸任，随后转入北京大学国家发展研究院工作，姚洋老师真诚而耐心地向我介绍国发院老师们所做的研究，以及对推动中国进步的贡献，我深受感动并加入其中。正是来到这里，让我感受到国发院的老师们创新理论价值，解决中国问题的各种努力，也加快了我自己构建组织理论的步伐。在国发院的研究与教学，使我有机会切身感受北大，感受这所中国最独特的大学，其兼容并蓄、独立担当、家国情怀的特质，守正创新、开放欣赏、尊重独创的氛围，无论是倾听林建华校长的讲话，还是与不同院系的老师们交流，他们所呈现出来的北大风范，都深深地吸引着我。尤其是在 120 周年校庆的准备过程中，北京大学以其独特的魅力，“让中国了解世界，让世界看懂中国”的自信，以及要“走一条自己的路”的担当，使得北大积极鼓励中国理论创新的尝试，也为每一个这样做的学者提供了极好的学术环境与氛围，这一切都给予我巨大的支持和推动，让我更安心和更努力去做好自己的研究。

2017 年在拍摄北大“讲述”视频的时候，让我有机会遇到葛新，她以自己独特的视角来理解我所进行的研究工作，并与我展开了深度的对话。当我把正在研究的有关组织新形态的内容介绍给她的时候，她和我谈论了很多生物医学的内容，谈论了一个有机体如何保持健康和生命力的内在逻辑，甚至为了让我更好去理解这一切，带我去拜访了复旦大学的闻玉梅院士，让闻老师给我讲授免疫学的知识。正是她耐心的启发和我俩持续的对话，“共生型组织”这个概念应运而生，在此我要特别感谢她为本书做出的不可或缺的贡献。更令我感动的是，她带领着一个团队，创设“知识实验室”，帮助我把理论与企业的组织学习成长变成一个可持续的模式。

研究过程中我还要感谢袁璐，他已经做了我 7 年的图书策划人，作为一个长期合作的伙伴，他会认真地理解我的研究，理解我的知识体系，并给予专业的意见，他把自己对于出版市场和读者的理解，不断分享给我，使得我能够保持与读者和市场的交流。而王霞则是另外一个我要感谢的人，在数字出版的领域，她的分享让我耳目一新。同时我还要特别感谢徐静，是她的不懈努力和坚持，让本书的描述逐渐清晰。

在过去 3 年中，“春暖花开”成为我与大家交流的一方“净土”，读者们在每一篇文章后的留言与提问，都让我可以时时沉浸在最直接的现实之中，而为此提供帮助的杨瑞、明峡、邓斌、张野、严娜、曹文君、於廷翰、李欣，都从不同的角度让我获得学习与成长，我很感恩有他们的支持与合作。

在过去 6 年中，华南理工大学的领导、老师和同事们、学生们，给予我持续的帮助和支持，在很大程度上他们已经是我研究生命中的一部分，无法分割。需要感谢的人太多，虽然不能一一提及，但是，我还是要向所有人表达感谢，感谢他们对我的想法的支持和帮助，让我可以一步一步安静地开展自己的研究。

正如在前言中所写的那样，我还要感谢那些真正面对不确定性挑战，并不断创新商业模式与组织模式的实践者，正是他们持续的努力和创造，才有了激发我不断思考和寻求答案的可能。

庆幸我在这个时代，与这个时代的中国企业在一起。

陈春花

2018 年 6 月于朗润园

参考文献

1. 加里·哈梅尔，普拉哈拉德．竞争大未来［M］．王振西，译．北京：昆仑出版社，1998.
2. 陈春花．激活组织［M］．北京：机械工业出版社，2017.
3. 拉姆·查兰．求胜于未知：不确定性变革时代如何主动出击变中求胜［M］．杨懿梅，译．北京：机械工业出版社，2015.
4. 彼得·德鲁克．管理：使命、责任、实务［M］．王永贵，译．北京：机械工业出版社，2009.
5. 菲利普·科特勒，何麻温·卡塔加雅．营销革命 4.0［M］．伊万·塞蒂亚万，王赛，译．北京：机械工业出版社，2018.
6. 稻盛和夫．稻盛和夫阿米巴经营［M］．陈忠，译．北京：中国大百科出版社，2009.
7. 霍华德·舒尔茨，多利·琼斯·扬．将心注入［M］．文敏，译．杭州：浙江人民出版社，2006.
8. 李晏墅，李晋．员工幸福的快乐管理探索［J］．经济管理，2007，29（8）：4-8.
9. 陈春花．激活个体［M］．北京：机械工业出版社，2015.
10. 乔根·兰德斯．2052：未来四十年的中国与世界［M］．秦雪征，等译．上海：译林出版社，2013.
11. 大卫·萨维奇．合作式思维［M］．信任，译．北京：中国友谊出版社，2017.
12. 玛丽·福列特．福列特论管理［M］．吴晓波，译．北京：机械工业出版社，2007.
13. 狄更斯．双城记［M］．石永礼，赵文娟，译．北京：人民文学出版社，2015.
14. Coase R. H. *The Nature of the Firm*.［J］. Economica，1937，4（16）：386-405.
15. 艾尔弗雷德·D. 钱德勒．战略与结构［M］．孟昕，译．北京：云南人民出版社，2002.
16. 沃尔特·艾萨克森．史蒂夫·乔布斯传［M］．北京：中信出版社，2011.
17. 田涛，吴春波．下一个倒下的会不会是华为［M］．北京：中信出版社，2012.
18. 艾·里斯，劳拉·里斯．品牌的起源［M］．寿雯，译．北京：机械工业出版社，2013.
19. 约翰·沃瑞劳．用户思维［M］．林南，译．北京：中国友谊出版公司，2015.
20. 尼古拉·尼葛洛庞帝．数字化生存［M］．胡泳，范海燕，译．北京：电子工业出版社，2017.
21. 维克托－迈尔－舍恩伯格．大数据时代［M］．盛杨燕，周涛，译．杭州：浙江人民出版社，2013.

22. 罗宾·蔡斯．共享经济：重构未来商业新模式［M］．王芮，译．杭州：浙江人民出版社，2015.
23. 艾里克·施密特，乔纳森·罗森伯格，艾伦·伊戈尔．重新定义公司［M］．靳婷婷，译．北京：中信出版社，2015.
24. 黄卫伟．以客户为中心［M］．北京：中信出版社，2016.
25. 拉姆·查兰．求胜于未知［M］．杨懿梅，译．北京：机械工业出版社，2015.
26. 彼得·德鲁克．巨变时代的管理［M］．朱雁斌，译．北京：机械工业出版社，2009.
27. 王安民，谢永平．信息时代的学习型组织演化——生态型组织［A］．全国第八届工业工程与企业信息化学术会议论文集［C］，2004.
28. 玛丽·福列特．福列特论管理［M］．吴晓波，译．北京：机械工业出版社，2007.
29. 稻盛和夫．领导者的资质［M］．曹岫云，译．北京：机械工业出版社，2015.
30. 埃德蒙·菲尔普斯．大繁荣［M］．信任，译．北京：中信出版社，2013.
31. 小托马斯·沃森．一个企业信念［M］．张静，译．北京：中信出版社，2003.
32. 陈春花，曹洲涛等．组织行为学（第三版）［M］．北京：机械工业出版社，2017.
33. 加里·哈梅尔，普拉哈拉德．竞争大未来［M］．王振西，译．北京：昆仑出版社，1998.